ÉCRITURE ET DÉSÉCRITURE
DU TEXTE POÉTIQUE

DU MÊME AUTEUR

Le vent se lève, roman, Montréal : Bernard Valiquette, 1949.
Albert Thibaudet et la critique créatrice, Paris : Boivin, 1951.
Hugo et la poésie pure, Genève : Droz, 1957.
Rabelais créateur, Paris : Nizet, 1966.
Le Poème-symbole. De Scève à Valéry, Paris : Nizet, 1967.
Montaigne paradoxal, Paris : Nizet, 1972.
Le faux Rabelais : De l'Inauthenticité du Ve Livre, Paris : Nizet, 1976.
La Poétique de Hugo, Paris : Nizet, 1978.

ALFRED GLAUSER

ÉCRITURE ET DÉSÉCRITURE DU TEXTE POÉTIQUE

De Maurice Scève à Saint-John Perse

LIBRAIRIE NIZET
37510 SAINT-GENOUPH
2002

© 2002, by Librairie A.-G. NIZET
ISBN 2-7078-1270-6

INTRODUCTION

L'idée de nombre préside à l'écriture poétique; c'est la préoccupation immédiate et primordiale du poète envisageant la possibilité du poème.[1] Elle détermine l'adoption d'une certaine forme : fixe (dizain, sonnet, etc.) ou libre (épître, etc.) ; puis un rythme particulier (vers décasyllabique, alexandrin, etc.), rythme pair ou rythme impair. La mesure est l'inévitable destin du poème en voie de devenir, dépendant d'une vision de limites, d'espaces circonscrits. Alors que la prose (*prorsa oratio,* « discours qui va en avant ») ne s'assigne au départ aucune contrainte et considère une étendue indéterminée comme son domaine, le vers veut dire admission de barrières, de fin (*versus*, « retournement de la charrue au bout du sillon »). Un vers ne se conçoit pas sans l'appel d'un autre vers; ils seront liés ensemble par la signature des rimes. Il en résulte un piétinement, une concentration sur l'instant de la production. La prose, au contraire, s'écarte de ce chemin précis plus qu'elle ne se laisse retenir.

L'idée d'un dialogue, d'une division, apparaît comme la première étape du compte : au poète s'impose l'idée d'accouplement, image sexuelle inhérente à l'acte d'écrire, ainsi que l'idée de division qu'indique l'étymologie de *sexe, secare*.[2] Le poétique devient métaphore de l'engendrement corporel et inversement. Si le thème de l'amour est privilégié chez les poètes, ce n'est pas uniquement

---

1. Nombre, *numerus* a servi à rendre les acceptions techniques du grec *arithmos*, « nombre oratoire, mesure, rythme », « nombre grammatical », « la foule, le nombre » (par opposition à la qualité). Voir Ernout et Meillet, *Dictionnaire étymologique de la langue latine*, Paris : Klincksieck, 1967.

2. *Compter* et *conter* ont la même origine, gravant déjà dans leur étymologie commune l'union de l'écriture et du calcul : *computare,* de *putare,* (qui donnera *penser*) dont les premiers sens sont nettoyer, purifier, émonder les arbres, apurer un compte, puis compter, calculer, estimer, juger, penser.

pour des raisons évidentes de sens fondamental et prédominant dans les rapports humains, mais c'est qu'en lui-même il est image de dédoublement ainsi que d'union, d'échange. L'auteur a trouvé un interlocuteur (ou interlocutrice) ; la communication provoque la notion de l'auteur en quête de son texte, la page blanche appelant l'apport des signes. Même le thème de la solitude appartient à ce code : l'amoureux est seul par rapport à l'être qui lui manque. Plus qu'un repliement sur soi-même, la solitude est un appel vers l'autre ; l'angoisse signifie désir torturant de dialogue.

La lutte entre le son et le sens,[3] dont le poème est le champ, figure également un dialogue qui peut agir dans le fonctionnement binaire du poème. La poursuite de l'un par l'autre est en elle-même une dynamique qui s'introduit dans le texte comme thème sous-jacent. Un sens naît, qui veut s'étendre, que les marges des vers encouragent et arrêtent en même temps, transformé selon les rimes limitantes et le mètre qui est un contrôle. Si un thème précède le texte, il est soumis aux accidents de rimes et de rythmes ; d'un jeu de sons précède la volonté du poème ; il cherche un sens, un thème auquel il puisse se soumettre. N'est-ce pas souvent par l'intermédiaire de jeux musicaux que le sémantique se produit dans toute son autorité et sa vigueur ?

L'idée de la production du texte est en elle-même fécondante. Le champ du poétique (en vers) tant limité, ses jeux en seront d'autant plus visibles, encouragés et suscités par les nécessités d'une concentration. De là les écarts de sens, d'expression, l'insolite, le surprenant : tout ce que le texte encourage. Il s'agit de produire une surprise dans le réseau des ressemblances – rimes, allitérations, assonances – déranger l'ordre de la norme par des irrégularités de syntaxe, par l'inversion, la dynamique des propositions subordonnées, l'enjambement, le suspens de la césure. Son charme est fondé sur les chocs qu'elle engendre, sur l'irrationnel émergeant d'une mathématique stricte et exigeante, qui tient de la raison.

La fragmentation, qui contribue à l'augmentation du texte, est une autre manifestation des privilèges du nombre. La plus grande partie des recueils poétiques sont des suites de fragments fermés sur eux-mêmes, déterminés par le choix d'une forme fixe qui signi-

---

3. Voir, par exemple, les remarques de Paul Valéry dans « Poésie et pensée abstraite », « Je disais quelquefois à Stéphane Mallarmé » « *Au sujet du Cimetière marin* » in *Œuvres complètes*, 2 vols, éd. Jean Hytier, Paris : Bibliothèque de la Pléiade, 1957-60.

fie arrêt dans le vaste flux des matériaux de poésie possible, concentration sur un moment minime de texte, recherche d'intensité sur un terrain aussi restreint que possible: le dizain dans la *Délie* de Scève, le sonnet dans les *Amours* de Ronsard et tant d'autres recueils de la Pléiade et de la poésie baroque ; plus tard, les *Fables* de La Fontaine et, fréquent, mais pas prédominant, chez Verlaine et Mallarmé; presque inexistant chez Laforgue, Claudel ou Saint-John Perse. Cependant, dans les limites de ces formes, se déploie une écriture non-fragmentaire; au contraire durcie, consciemment répartie dans l'espace qu'elle s'est assigné. Le dynamisme semble parfois faire éclater les barrières, se remuer, dans un sens d'angoisse et de révolte, en des limites trop prévues pour l'imprévu du souffle qui pourrait animer le poète, comme dans un sonnet d'Agrippa d'Aubigné par exemple. Dans la suite de la *Délie* de Scève, chaque dizain apparaît comme un fragment, l'image d'une brisure, d'une angoisse dispersée que figurerait le mythe de Sisyphe ou du Phénix. Il est en soi métaphore de l'angoisse fondamentale du poète/amoureux/philosophe, qui trouve dans la forme serrée son lieu d'expression aussi bien que l'indication de ses limites.

Certains textes se sont accordés, dès le moment de leur conception, la possibilité de développement, d'étendue, mais sans arriver à la continuité et unité du poème épique par exemple, que l'on appelait au XVIe siècle, le « grand poème ». Les *Tragiques* d'Agrippa d'Aubigné, la *Légende des siècles* de Victor Hugo restent des « épopées tronquées » selon l'expression de Hugo lui-même; *Dieu,* encore de Hugo, propose la vue du multiple dans une suite de vastes et admirables panneaux où s'incrustent des quantités de brisures. *Les Cinq grandes Odes* de Claudel s'en approchent, mais plus par un déversement irrégulier et chaotique de matériaux que par une saisie d'un vaste sujet qui serait traité avec « raison » *Anabase, Exil* de Saint-John Perse atteignent peut-être davantage le stade de la grande œuvre, mais faite de sursauts, de reprises, qui signifient toujours fragmentation. Cette forme plus libre et étendue de la « petite légende », de l'ode, du chant persien est d'avance métaphore d'une expansion qui signifie adhérence au cosmique. Une conception globale du texte provenait d'une ambition d'accéder au niveau de l'universel.

Au travail poétique appartient une nécessité d'ambiguïté: plutôt qu'un sens, un détournement de sens, l'enveloppement, la feinte. Curieux phénomène : d'une part, étendue et expansion du tissu poétique ; d'autre part, son arrêt dans l'obscurcissement de ses éléments. Texte situé entre le dire et le non-dire, il vacille tout en s'établissant entre silence et production sonore, et dans celle-ci se lit un regret de l'autre. Loin d'être un paradoxe cependant, ce silence toujours entrevu, rêvé, cultivé, est la continuation de l'élargissement du texte; tout en s'ecrivant, il voit au loin les possibilités d'un infini, seul représenté par les « réserves » du silence, alors que l'écrit les révèle, donc les détruit, l'acte étant une perte de puissance selon Valéry. Le poème ne résonne qu'aux frontières du silence; le dit appelle, pour être, les sous-terrains de l'indicible.

Le texte qui s'écrit s'affirme par un mouvement ininterrompu, où le poète n'intervient pas par des références à son écriture, à sa facture et son engendrement. Aucun métalangage ne se pose sur la pureté du langage ; le poème est dense et refermé sur lui-même, massif et n'offrant aucune ouverture qui le distraie de son chemin, sans commentaire, arraché comme un bloc qui n'admet pas de brèches. Le poème est un résultat plus qu'une quête; il se justifie par sa seule présence ; il supporte un thème et le propose sans apprêt ni précaution d'auteur. L'écrivain ne doute pas ouvertement – du moins dans le texte qu'il nous livre – de sa démarche et de ses moyens. Le langage est employé pour soutenir un sens, sens naturellement susceptible d'être dirigé et de dévier également selon la discipline et les hasards de l'écriture des vers. Le texte ne livre pas les secrets de sa fabrication; il s'écrit comme s'il était détaché de son auteur. Le mouvement et les assises de l'écriture sont garantis par la conscience, chez l'auteur, d'une œuvre à faire et dont il ne doute pas.

A cette catégorie appartiennent surtout le Scève de *Délie*, le Ronsard des *Amours*, le La Fontaine des *Fables* – parmi les poètes que nous discutons, car il en est d'autres à part ceux-ci, et en premier lieu un certain Hugo. On ne dit pas que le poème ne révèle jamais ses secrets de fabrication, mais d'une façon générale, il s'impose dans toute son autonomie. Chez Hugo, dans une production immense où le langage est une proclamation de vie et où l'esprit critique ne vient guère assécher ses landes, il y a de nombreuses occasions où le poème est fait essentiellement du sujet même de la poésie et de sa fabrication, comme *Le Satyre* par exemple.

Des problèmes s'imposent à la discussion de ce thème, en particulier le statut de poèmes qui sont des fragments d'une suite : la *Délie*, les *Amours*, les *Fables*. La lecture habituelle d'un dizain, d'un sonnet, d'une fable – pour ne prendre que quelques-unes des formes poétiques – est une trahison. Isoler un texte, c'est s'y complaire et y trouver, dans un territoire réduit, les exemples d'une poétique, mais qui restera indubitablement provisoire. On peut trouver les aveux d'une poétique plus véritable dans une lecture complète, suivie, qui tiendrait du mode de lecture du roman. Donc, à la base de toute entreprise de lecture, se proposent en tout cas deux manières: lecture fragmentaire, serrée, attentive, et une lecture globale, cette dernière plus libre, plus légère, plus superficielle aussi.

Dans la première lecture, on fait une dissection de détail; dans la deuxième, on voit ce qui est déterminé par la contamination, par l'accumulation. Ainsi le recueil est une masse découverte, le poème étant une amorce à d'autres poèmes. L'auteur cependant veut signifier quelque chose par la suite de fragments qu'il accumule : la quantité est révélatrice. Chaque poème est le témoignage d'une lutte, d'un essai. Commencé, il prévoit sa fin inévitable après le dixième vers du dizain, le quatorzième vers du sonnet, le dénouement de la fable. Ces brèches marquent à chaque étape la mort d'un poème. Les poètes ont conscience des marges qui entourent leurs poèmes, marges blanches qui sont des silences, des ouvertures sur un nouveau possible : en voici entre les divers poèmes d'un recueil ; un espace est occupé par l'appel d'autres textes. Un recueil est une œuvre brisée, sans cesse interrompue, qui figure à chaque fragment une désécriture, une brisure, un échec par rapport au grand poème continu qui constituerait une épopée. Ici donc on peut parler d'un poème qui se construit et se détruit en même temps, se divise d'un tout ; il se lacère, refait à chaque fois le même mouvement au-devant d'une fin prévue.

La rhétorique est maîtresse chez les poètes affirmatifs. Leurs thèmes sont tels qu'il faut, pour leur expression, les figures les plus outrées : hyperbole, anaphore, oxymoron, répétition. La véritable hyperbole est de langage; il s'agit de se manifester par un acte d'écriture qui dépasse le sens, se situe dans l'anormal, l'excessif. L'irréel de la situation dans laquelle se met le poète, par la complaisance avec laquelle il accepte l'insolite, s'inscrit en marge du vécu pour former une fabrication qui dépend d'un usage continu des tropes. Reprenons la définition de l'hyperbole par Fontanier : « L'hyperbole augmente ou diminue les choses avec excès et les présente bien au-dessous ou bien au-dessus de ce qu'elles sont, dans la vue, non de tromper, mais d'amener à la vérité même, et de fixer, par ce qu'elle dit d'incroyable, ce qu'il faut réellement croire. Les mots, considérés en eux-mêmes et dans tous les rapports grammaticaux, y peuvent conserver leur signification propre et littérale, et s'ils ne doivent pas être pris à la lettre, ce n'est que dans l'expression totale qui résulte de leur ensemble ».[4] Cette assertion peut être acceptée pour définir la démarche de Ronsard par exemple ; ce qu'il nous fait réellement croire, c'est la vérité d'une écriture fondée – et c'est le seul moyen de sa justification – sur l'exagération, l'exceptionnel. C'est l'écriture qui est monstrueuse plus que les souhaits invraisemblables du poète : croyable à force d'être incroyable.

Le poème qui se désécrit est celui dans lequel on voit les traces d'un auteur qui s'interroge sur la facture de son œuvre, insère dans la trame un commentaire, un à-côté, qui fait douter de son intégrité en tant que masse, ou celui qui est fait de la négation d'un sens absolu et dont la forme est dissolue, qui, dans le moment même de l'écriture, semble vouloir la contredire et la nier partiellement, dont la construction est minée par un désir de destruction. Ce genre destructeur semble avoir été inauguré par Joachim du Bellay dans les *Regrets* (certains *regrets*). En pleine Pléiade, école fervente et dirigée par son ambition de création et de réussite, des hantises de victoire, préoccupée d'augmenter la langue et la littérature dans un effort pour rivaliser avec les Anciens, Du Bellay s'oppose à la foi de ses confrères, leur jactance, leur sûreté dans la voie d'une création affirmative et opte pour le texte qui se constitue, dès les *Regrets* donc, de l'examen de son fonctionnement, s'assure paradoxalement par les négations qui se greffent dans sa masse.

Verlaine nous donne, dans certains poèmes des *Romances sans paroles* surtout, des exemples de poèmes qui se désagrègent, assouplis par des déliquescences et des fadeurs, tendant à glisser vers un certain effacement qui est comme la mort du texte. Celui-ci est le lieu d'une déformation, l'occasion de fêlures ; son être consiste à ne plus vouloir être; il est vu dans ses possibilités d'effondrement. Mais c'est Laforgue surtout qui nous donnera de nombreux exemples du texte qui se désécrit, du poème qui se plaît et se complaît à disloquer le continu du vers régulier ou de la forme traditionnelle.

Il est entendu que la notion du texte qui se désécrit contient en soi un paradoxe, le texte étant ce que l'écrivain produit et qui est infailliblement un geste affirmatif, même s'il est miné partiellement par des éléments de destruction, destruction de constructions,

---

4. Voir Pierre Fontanier, *Les Figures du discours*, Paris : Flammarion, 1968, p. 123.

construction de destructions, recensement de ruines. Un charme étrange se dégage de ces poèmes en brèches, qui traduisent une séduisante décadence, un goût du fané, du non-fait, du non-fini, de l'irrégulier. Le poétique est fondé sur des divergences, nécessitant pour son fonctionnement une brisure de sens et de langage. Le texte marque l'entrée dans un certain néant, la propension au vide, l'exaltation du non-exaltant. Tout poème est un geste positif, que son schème soit ascendant ou descendant ; même s'il est déliquescent, il se fixe sur la page et impose son autorité ; il est le résultat d'une lutte plus ou moins marquée. Tout écrivain, mais dans des proportions diverses, est plié sur l'œuvre qui s'écrit ; il s'y mire, il s' y contemple, il se juge et s'interroge, si bien que l'œuvre est infailliblement un commentaire sur elle-même et sur son auteur. Le poète est sans cesse lecteur de lui-même; il croit à ce qu'il a inventé et il est le premier à nous leurrer: amoureux par procuration, par imagination. Les thèmes que le poète choisit – par hasard, par commande, par imitation, par une certaine urgence qui serait le propre du « destin » de l'écrivain – sont eux-mêmes une formule d'écriture, l'élection d'une forme. Le tourment du poète prétendument amoureux peut être celui du poète luttant avec l'œuvre qui s'échafaude, comme nous le verrons, entre autres, chez Scève. Effort et plaisir sont alliés dans le même acte. Aux luttes du travail de l'œuvre dès sa naissance, succède la satisfaction de voir l'œuvre finie.

Chaque poème est évidemment une révélation d'un moi d'écrivain, d'une manière qui le caractérise, donc le trahit. Le Satyre est l'incarnation du poète Hugo comme le Faune est celle de Mallarmé. Un symbole s'y cache, mais cependant s'y affirme sans que le poète le dévoile ouvertement. La cigale représente aisément le poète qui chante, insouciant et gracieux, mais chez qui interviendra pourtant la vertu travailleuse et fabricatrice de la fourmi. Quel que soit le sujet, une présence du poète s'impose : le lecteur pense à La Fontaine autant ou plus qu'à la cigale, à Scève autant ou plus qu'à Délie. C'est avec l'écrivain que nous sommes de connivence ; ainsi on est doublement spectateur : de l'œuvre faite et de l'artisan. Il y a rivalité d'intérêts ; parfois l'auteur nous fait oublier sa présence et le sujet nous entraîne ; parfois, c'est l'auteur surtout qui absorbe notre attention. Il n'y a pas de limites marquées dans notre perception de ces écrivains ; notre esprit, selon ses fantaisies, oscille, s'amuse, s'intéresse ou se détache. Il y aura toujours en nous un critique éveillé qui sera spectateur actif de ce qui s'écrit et qui se demande comment c'est fait ; l'admiration pour le faire peut nous éloigner de ce qui est fait.

Nous avons choisi, parmi de nombreux poètes, ceux qui nous donneraient des exemples de poèmes qui s'écrivent, dont la démarche est positive dans les limites d'un poème : Scève, Ronsard, La Fontaine; comme exemples de poèmes qui se désagrègent s'imposent un certain Verlaine et Laforgue. Saint-John Perse semble être un cas intermédiaire : sous une démarche affirmée et somptueuse, apparaît une volonté de destruction du texte, qui devient souvent le sujet primordial de l'œuvre. Mallarmé et Claudel représentent deux attitudes contraires à l'égard des droits de l'écriture. Le premier, tout en réticences, en biffures, en paroles acceptée puis rejettée, exprime plus par ses silences, ses refus, que par les quelques mots qui résistent à l'angoisse de la page blanche. Claudel se situe du côté de l'abondance, de l'éloquence, de l'éréthisme. Son texte est mû par l'ardeur de la foi, qui se traduit, à l'encontre de Mallarmé, par une égale ardeur de la parole, une foi en leur pouvoir de chanter et de dire. Chez Mallarmé le poème « écrit » se désagrège sous la recherche de l'absolu, alors que chez Claudel, il se dissipe sous le flot et le flux du verset, forme libre, contraire au vers régulier, qui est l'armature du poème écrit. La forme libre, au lieu d'imposer des limites, encourage le développement, les divagations, qui sont autant d'enclaves dans l'unité du texte. L'indétermination des limites est un encouragement à longueurs, ce qui compromet la dynamique fondamentale du texte. C'est la forme propre aux poètes « éloquents », comme Claudel ou Saint-John Perse, qui fondent sur le nombre la qualité de leur œuvre.

Quand nous parlons de « poétique », nous nous référons immanquablement au meilleur de l'œuvre, à un choix de poèmes qui nous ont paru particulièrement originaux et sur lesquels nous fondons nos remarques. Plus l'œuvre est abondante, plus elle invite à un choix. Quand nous disons poétique de tel ou tel auteur, c'est donc celle du poète épuré, vu dans l'optique d'une création idéale.

Chapitre I

« SOUFFRIR NON SOUFFRIR » : FORMULE DE L'ÉCRITURE SCÉVIENNE

« Souffrir non souffrir » acquiert un sens particulier dans l'interprétation du phénomène scriptural, qui peut facilement se greffer sur le sens pétrarquiste traditionnel : le poète ne peut que bénir son tourment qu'il voit aboutir à l'accomplissement de *Délie*. Dire magnifiquement sa souffrance, c'est la détruire ; les défaites amoureuses sont conçues comme des gains du côté de l'écriture qui est promesse d'une plus grande perfection, comme Délie est « object de plus haulte vertu ». Ainsi le « souffrir » s'apaise et devient l'exaltation d'une poésie purificatrice et désirante qui a engendré la Délie de *Délie*.

L'œuvre est placée sous le signe d'une multiple angoisse : celle de l'amoureux « fictif » d'abord. Scève aura été pris à son propre jeu, son amour étant encouragé par l'entraînement et l'influence du texte en travail ; angoisse métaphysique également, l'amour impossible poussant le poète à une méditation sur l'éternel et la condition de l'homme. Mais c'est l'angoisse du poète devant l'œuvre « difficile » qui est la plus active et la plus vérifiable : elle se situe dans les marges des dizains, entre la fin de l'un et le désir des suivants, destinés à former la chaîne du cycle. Ils sont autant d'essais fermés sur eux-mêmes, sûrs de leur excellence, mais dépendant de la communauté qui s'établit entre eux ; ils s'expliquent les uns les autres, charrient avec eux une abondance de sens provenant des échanges qui opèrent entre eux.

L'angoisse que Scève éprouve est, selon son sens étymologique, un resserrement (*angustia*), ce qui convient parfaitement à la définition de l'acte scriptural. Le dizain, dans sa forme stricte, oblige le poète à un métier qui est tout en limitations. Le doute et l'espoir — tous les deux également douloureux — accompagnent la quête de Scève au cours de l'écriture : les affres des commencements, les ébauches du matériau, les attentes et indécisions, les corrections, les interrogations quant à leur qualité, le travail dans la voie de la pureté, l'adéquation du poète à la perfection imaginée de Délie : voilà ce qui cause le véritable « souffrir » du poète, aboutissant au « non souffrir », la sublime récompense qu'est l'œuvre écrite.

Le genre « dizain » exige une telle concentration, une si constante rigueur, qu'il est en soi métaphore de cette écriture rare, que les thèmes se ressentent de cette mise en forme, qui est « épigramme »[1] dans son premier sens d'inscription sur un monument. Cette écriture a la consistance et l'âpreté d'une gravure — qui pourrait s'ériger en statue — destinée à glorifier le durable. Le dizain explose d'autant plus qu'il sait son temps mesuré ; il est une affirmation de dynamique, dans le champ étroit de la forme fixe ; texte figurant dans sa concision et sa dureté les dimensions d'une vie comprise dans les réseaux langagiers contradictoires. Tout un trajet de vie peut se traduire en dix vers, le dizain visant aux simplifications meurtrières.

Les antithèses sont adoptées comme moyen générateur immédiat d'une quantité de dizains : *vie/mort ; corps/âme ; lumière/ombre, amour/cruauté ; mortalité/immortalité ; liberté/servitude ; lier/délier ; mort chère à l'âme/hostile au corps.*[2] Au seuil du dizain, réside déjà l'idée de son dénouement : le lumineux est posé dans le texte comme l'amorce d'une ombre complémentaire

---

1. L'expression est de Scève, dans l'huitain du début, *A sa Délie :*
    Je sçay assez, que tu y pourras lire
    Mainte erreur, mesme en si durs Epygrammes :
    Amour (pourtant) les me voyant escrire
    En ta faveur, les passa par ses flammes.
        SOUFFRIR NON SOUFFRIR.
  Voir *The Délie* of Maurice Scève, éd. I. D. McFarlane, Cambridge University Press, 1966, p. 119. Toutes les citations seront tirées de cette édition. Le numéro du dizain et la page seront indiqués entre parenthèses.

2. L'antithèse, selon Hugo, est « la faculté souveraine de voir les deux côtés des choses », l'occasion d'un dédoublement à l'image du fonctionnement poétique fondé sur le dialogue. L'opposition *noir/blanc, bien/mal, absence/présence, vie/mort* convient, par la simplification qu'elle compred, au poème pivotant sur une exigence de symétries, en même temps que d'une certaine outrance. Voir mon étude *La Poétique de Hugo*, Paris : Nizet, 1978.

ou contraire. En écrivant, Scève a conscience du conflit qui est à la base de toute vie vécue ou imaginée. L'espoir métaphorique dans l'oxymoron (antithèse resserrée) « *doulce prison* » représente aisément une poétique animée d'un grand désir d'élévation, mais hasardeuse dans ses efforts, doutant de ses réussites.[3]

Scève en est réduit à une œuvre fragmentée, se cherchant sans cesse dans une conquête qui ne peut se faire que par multiples étapes. Le poète est aux écoutes au bord d'un infini de mystérieuses voix. Ses nuits sont le lieu où tout meurt quant à son identité d'homme et où il ne reste que des voix entendues par le poète, témoin de nouvelles victoires sur le silence. L'obscurité est table rase et Scève y souhaite et imagine les strates les plus vides pour y intervenir de toute la force de ses volontés :

> Comme le Lievre accroppy en son giste,
> Je tendz l'oreille, oyant un bruyt confus,
> Tout esperdu aux tenebres d'Egypte. (129, p. 189)

L'espoir est limité quant à l'éclosion de l'œuvre que Scève aurait très bien pu envisager, ainsi que Mallarmé plus tard, comme une tâche lourde et angoissée, éloignée des lueurs de l'« azur ». Le printemps de l'écriture — printemps « maladif » lui aussi — est étouffé d'avance par la sélection secrète d'un hiver métaphorique : les froideurs hivernales que Scève constate ou imagine en Délie signifient bien davantage sa saison « mentale ». Sous le signe de la dureté, de la réserve, il connaît peu d'élans prolongés ; ils sont freinés par la difficulté, figurés par « la maigre Caresme ». La poétique est inscrite dans la thématique, le sens prospérant ou se limitant aux exigences de la forme du texte :

> Je dy, qu'espoir est la grand prurison,
> Qui nous chatouille à toute chose extreme,
> Et qui noz ans use en doulce prison,
> Comme un Printemps soubz la maigre Caresme. (99, p. 173)

Les morts — « les mortz, qu'en moy tu renovelles » (*A sa Délie*, p. 119) — sont pour Scève une fiction qui agit en tant que méta-

---

3. Le mot oxymoron se compose de l'alliance de deux mots grecs *oxys / moros* signifiant à l'origine *aigu, fin / émoussé, sot*. Il s'agit donc d'un mot forgé à l'image de la figure qu'il désigne, c'est-à-dire qui combine dans un même syntagme deux mots sémantiquement opposés. L'oxymoron paraît comme l'image resserrée de l'antithèse. Dans sa forme elliptique, il expose la valeur poétique des contradictions. Dans le milieu de son étendue minime, il résume une vision binaire, un regard qui ne peut s'arrêter sur l'un, mais s'annule dans l'autre.

phore scripturale. Le dizain meurt car il doit renaître selon les intentions des divers instants d'écriture ; le mythe de Phénix est agissant à la fin de chaque dizain. Le nombre sur lequel la *Délie* se fonde signifie d'une part une intensité de passion et de désir de purification ; d'autre part et surtout, c'est l'attestation d'une volonté de poésie qui ne peut s'assouvir, les 449 dizains n'étant d'ailleurs qu'un pis-aller dans la suite d'une poésie infiniment souhaitée.

La mort joue dans la pâle zone des espoirs toujours incertains et des gains sans cesse annulés. L'idée de chute, de destruction, active au niveau sémantique, n'en est pas moins une nécessité d'écriture ; l'œuvre se forme selon les exigences du dialogue destruction/construction, se débattant dans les possibilités d'être ou de ne pas être. Si sa Dame est « constituée idole de (s)a vie » (1, p. 120), c'est que la démarche consciente de l'esprit vise au définitif de la matière poétique travaillée avec ardeur pour aboutir à une idole, figure que l'on admire et adore. La « fuite » de Délie loin de l'amant crée des terrains de conquête ; elle est Muse, mais hors de la portée du poète, pour être toujours plus vivante proie du texte. C'est ériger l'œuvre avec des matériaux supérieurs aux espoirs et aux hasards et qui puisse dominer les défaillances et les défaites. La fuite est ardue, car le poète recherche une perfection certaine, qui ne peut pas être hors du monument qu'il lui dresse.

Le temps, chez Scève, est considéré comme une lente mort vers une fin qui doit être, pour l'instant de l'œuvre, génératrice. Ici encore la grammaire est une poétique — les participes présents dans les deux distiques concernant l'un et l'autre, transmettent le poids et la monotonie des années qui passent, mais unissent également le poète et Délie dans leur inévitable soumisssion aux volontés du temps :

>   En moy saisons, et aages finissantz,
>   De jour en jour descouvrent leur fallace,
>   Tournant les Jours, et Moys, et ans glissantz,
>   Rides arantz defformeront ta face.
>   Mais ta vertu, qui par temps ne s'esface,
>   Comme la Bise en allant acquiert force,
>   Incessamment de plus en plus s'esforce
>   A illustrer tes yeulx par mort terniz.
>   Parquoy, vivant soubz verdoyante escorce
>   S'egallera aux Siecles infiniz. (407, p. 341-42)

Sur le thème du temps destructeur, se greffe le thème constructeur de la vertu. Mais qui sait si le poète ne pense pas vraiment à la vertu de Délie — par un échange qu'autorise son amour renforcé par son imagination — comme à celle qu'il lui assure par le texte ? Le poète peut très bien entretenir cette tromperie vis-à-vis du lecteur : attribuer à la dame des vertus qui sont les siennes, car pour lui la vertu réside vraiment dans l'acte mâle de la célébration de la poésie (le latin *virtus* désigne d'abord la force virile, le courage). Tous les deux pourraient ainsi partager cette « verdoyante escorce » dans laquelle on pourrait voir un souvenir du laurier, car c'est bien Apollon qui lui assure une certaine immortalité, celle qu'il invente pour Délie, mais où il puise la foi qu'il a en son œuvre, destinée à durer.

L'éternité à laquelle Scève pense quant à Délie ne peut être que celle qu'il souhaite pour son œuvre :

> Quand Mort aura, apres long endurer,
> De ma triste ame estendu le corps vuyde,
> Je ne veulx point pour en Siecles durer,
> Un Mausolée ou une piramide :
>   Mais bien me soit, Dame, pour tumbe humide
> (Si digne en suis) ton sein delicieux... (408, p. 342)

La production du texte crée, par sa présence, sa magie, un équivalent en rigueur et en force du mausolée ou de la pyramide. La dureté et la densité des moyens poétiques figure, par de fermes enlacements, une architecture, métaphore d'une poésie définie par Scève comme étant faite de « durs Epygrammes » (*A sa Délie*, p. 119). Paradoxalement, le « sein delicieux », capté dans les formes stables du texte, devient par la voie de l'analogie scripturale un monument lui-même ; dans le milieu de la Mort/Vie que le poète envisage, il représente la « paix amyable » qu'il n'aura pas connue de son vivant, mais surtout celle qu'il connaîtra dans l'au-delà où ses écrits — il ne peut pas s'empêcher de l'espérer et même de le croire — survivront.

Le choix d'un tombeau idéal aboutit à un poème-tombeau : dix vers agencés en un tout sans fissure ; une seule phrase surgie en un geste monolithique. Une dynamique exceptionnelle est amorcée dans la vigoureuse attaque, accusée par l'hiatus et l'enchevêtrement des vers — « Quand Mort aura/apres long endurer... »— continuée par des arrêts (accrocs) dans la démarche du dizain, sorte d'incidents qui retiennent le flux « normal » de la phrase — « apres long endurer » — « pour en siecles durer » — « si digne en suis » — et l'inversion — « de ma triste ame estendu le corps vuyde ». Le fait que Délie est vivante dans la mort indique une vérité d'ordre scriptural : c'est par la mort du réel que survit le poétique, seul réel permanent. Le « sein delicieux » dans la mort est nettement une image de vie voluptueuse (de l'œuvre) par la mort de son sujet.

Ce dizain est fortement charpenté par l'anagramme de Délie : autre indication de l'attention que Scève porte à la facture de son texte — métaphore d'union en même temps que de désunion, car la fragmentation du nom est à l'image de l'impossibilité dans le champ du « vivre ». Délie est l'anagramme du désir,[4] mais l'œuvre *Délie* aussi, dont Délie femme serait la métaphore. Idole, idée, déesse, désir — autant de formules exaltées mais qui ne sont jamais tout à fait Délie, statue sans cesse brisée qui doit à chaque instant être reconstituée. Les phonèmes renversés de Délie dans « piramide » pourraient figurer l'obstacle attaché à l'élection d'un tel monument, acclamé dans l'anagramme parfaite de « delicieux ».

Les jeux allitératifs et assonancés — avec prédominance de dentales (le D de Délie) — figurent le tombeau de la Dame associée à la Mort en tant que toute-puissante Muse et dont la Mort est purificatrice. Le jeu de Scève opère entre les intentions de garder cette puissance intacte, rigide, gelée, et de ne pas la souiller par une effervescence qui lui serait contraire — pourtant subsiste toujours le désir de produire *Délie* sur ces difficiles arêtes.

Aucun dizain ne livre plus ouvertement son sens d'angoisse, le matérialisant dans sa facture même, que « Au Caucasus ». Pour paraphraser Alain parlant de *La Jeune Parque* de Valéry, nous pourrions dire que ce dizain n'exprime pas l'angoisse, mais qu'il *l'est :*

> Au Caucasus de mon souffrir lyé
> Dedans l'Enfer de ma peine éternelle,
> Ce grand desir de mon bien oblyé,
> Comme *l'Aultour* de ma mort immortelle,
> Ronge l'esprit par une fureur telle,
> Que consommé d'un si ardent poursuyvre,
> Espoir le fait, non pour mon bien, revivre :
> Mais pour au mal renaistre incessamment,
> Affin qu'en moy ce mien malheureux vivre
> Prometheus tourmente innocemment. (77, p. 160)

Tout le dizain, fait d'une seule phrase, est à l'image de l'adhérence intime du poème à son thème. Le « dur Epygramme » est

---

4. Voir à ce sujet l'ouvrage de Jacqueline Risset. *L'Anagramme du désir. Essai sur la Délie de Scève*, Rome ; Bulzoni, 1971.

noueux, inextricable, fermé à tout espoir, ne signifiant lourdement que lui-même — le monument se dresse, funeste réceptacle d'une mort renouvelée. L'intensité allitérative des derniers vers ne fait que dire la solidité et l'inertie d'une peine sans remède, d'un désir de poésie qui ne s'assouvira pas, condamné à un état instable d'angoisse toujours recommencée : Scève est bien l'unique Prométhée de son « Caucasus ».

Dès le début donc, le dizain signifie le tourment d'écrire ; celui d'aimer s'y oublie. La tension provient du texte même ; tout y est tremplin à dynamique linguistique. Dès « Au Caucasus de mon souffrir lyé », s'affirme une suprématie du langage, un premier appel au lecteur pour l'avertir d'un fait linguistique primordial : l'insolite du latin faisant une entrée abrupte dans le dizain français, la dureté des termes, l'inversion, la forme active de l'infinitif substantivé, le rejet de « lyé » au bout du vers, contrastant avec l'enchevêtrement d'occlusives et de voyelles, la temporisation soutenant le sème de liens — tout fait linguistique est ici synonyme de torture. Le souci d'écrire difficilement assure au poème la durée, mais, au loin, dans un avenir que Scève pressent vaguement, s'introduit la crainte de ne pas être, de ne pas survivre — tourment éternel.

Dans le dizain des impossibles, c'est surtout la fidélité à l'œuvre qui est signifiée :

> Plus tost seront Rhosne, et Saone desjoinctz,
> Que d'avec toy mon cœur se desassemble :
> Plus tost seront l'un, et l'aultre Mont joinctz,
> Qu'avecques nous aulcun discord s'assemble :
> Plus tost verrons et toy, et moy ensemble
> Le Rhosne aller contremont lentement,
> Saone monter tres violentement,
> Que ce mien feu, tant soit peu, diminue,
> Ny que ma foy descroisse aulcunement.
> Car ferme amour sans eulx est plus, que nue. (17, p. 128)

L'adunaton — ici figure prédominante — oblige le poète, par les liens des impossibles, à figurer la possibilité d'une poésie susceptible de survivre.[5] L'hyperbole comprise dans l'adunaton est à la mesure de cette entreprise du poète dont la vision est déviation,

---

5. L'*adunaton* ou *impossibilia*, à l'exemple de Pétrarque et des poètes pétrarquisants, une figure courante à l'époque. Elle souligne, par la dynamique de sa structure, la forme et force hyperbolique du désir ou du vœux évoqué.

dont la norme est l'anormal, dont le but est au-delà de toute pratique. Le fictif est pourtant rendu palpable par les références au présent lyonnais. La géographie est la constatation d'une union indestructible : le confluent du Rhône et de la Saône est le lieu métaphorique de son expérience scripturale, Scève étant élu par les lieux de son existence pour écrire le dizain d'un inévitable destin. Il trouve devant lui, dans le paysage de Lyon, un exemple de désunion impossible : Rhône et Saône, curieuse et miraculeuse rencontre des environs visibles et de l'irréel inventé par le texte. Dans l'imaginaire, cette fusion aurait pu être pensée et désirée par le poète, comme métaphore de son amour.

La géographie, qu'il aurait pu situer dans le domaine des échanges métaphoriques, lui est offerte : véritable image d'un amour scellé et promis comme hors de lui-même et pourtant très proche. La géographie est une pré-écriture : prévoyant l'invention du poète qui a eu la bonne fortune de se rencontrer dans le lieu de sa naisssance et de sa résidence, le couplage de deux noms rimant ensemble, assonancés mais divergeant dans la consonne initiale, désignant ainsi quelque dissemblance dans les ressemblances. Les proportions aussi des noms s'accordent avec l'image parfaite de l'entente amoureuse ainsi que l'alternance du masculin et du féminin : le Rhône, impétueux et autoritaire et la Saône lente et langoureuse. Ces noms sont agents d'un dialogue indestructible, ceci dans l'optique désirante de Scève. L'onomastique situe le dizain en tant que lieu idéal d'une union étroite entre les deux fleuves et leurs significations métaphoriques et métonymiques. Scève aura pu se croire autorisé à voir son destin (souhaité) inscrit dans le contexte géographique, alors qu'au niveau de l'expérience il restait contesté. Pernette du Guillet[6] lui est inaccessible, non pas tant par les exigences des circonstances, mais du fait qu'elle a été élue comme objet inaccessible, à souhaiter et regretter selon les volontés des dizains. L'inévitable défaite de l'amoureux (sans doute imaginée ou peut-être désirée ?) est la chance suprême du poète. L'indissolubilité fluviale est la promesse du texte serré.

Des fleuves reste l'idée de leurs noms dessinant sur cette carte du Tendre, comme en une guirlande, non pas Maurice et Pernette,

---

6. Son amante présumée, mais anonyme, dans le texte de Scève. Voir à cet égard l'étude de Joseph Buche, « Pernette du Guillet et la ´Délie´ de Maurice Scève », *Mélanges de philologie offerts à Ferdinand Brunot*, Paris : Société nouvelle de la Libraire et d'Edition, 1904, p. 33-9.

mais, détachés des contingences d'une signification immédiate, Apollon et Daphné, ou Apollon et Diane. Se référer, dès le seuil du dizain, à des noms, c'est annoncer des intentions nées du champ linguistique. Le poète use de fraude ; il force la géographie à signifier ce que la vie et son pays lui ont refusé — c'est ce qu'il croit devoir prétendre du moins.

Dans l'enchevêtrement des syllabes assonancées et allitérées (« Plus tost seront Rhosne et Saone desjoinctz ») on voit l'illustration physique d'un état admis dans l'instant de la dialectique du dizain : les deux fleuves, par le fait qu'ils ne peuvent, dès Lyon,[7] être séparés, acquièrent dans le dizain le statut de l'immortalité. Le thème de l'amour durable — il ne l'est que par le texte — se lit dans la reconnaissance des réalités géographiques, qui sont parallèlement des réalités de sentiment — si fictif soit-il — et d'écriture.

Les deux monts appartenant aussi à la géographie de Lyon ne sont pas nommés, ce qui assure, dans le dizain, un renouvellement de la démarche et leur accorde ainsi un statut d'anonymat contribuant à l'établissement du mythe. Ils auraient d'ailleurs été encombrants, dans le cadre serré du dizain, par leurs proportions — Mont Fourvière et Montagne de la Croix-Rousse — et auraient nui ainsi à l'explosive pureté onomastique des deux fleuves.

Scève fournit ici le parfait exemple d'une écriture difficile : dans une phrase unique, la temporisation retient le sens jusqu'au huitième vers, où la texture même livrera le véritable sens d'union et de désunion qui est inhérent au poème. Par la rhétorique, ce n'est pas tant le thème de l'indestructible qui s'impose, mais plutôt sa reproduction. Tout concourt à signifier, par la forme, le sens. Les rimes, toutes d'un effet « riche », et d'une ampleur admirable, fonctionnent pour donner une force massive à cette rigide construction. La fin de chaque vers est somptueusement couronnée, figurant ainsi une assise, une assurance marquée du thème. Ce dizain n'admet pas de brèches (jusqu'au huitième vers), car elles risqueraient d'être métaphore stylistique et rhétorique de désunion. Non seulement les rimes sont d'un effet riche, mais elles appartiennent à

---

7. Il peut paraître surprenant que Scève, qui est conscient des données métaphoriques de l'onomastique, n'ait pas songé à invoquer le nom de Lyon, anagramme imparfaite de Délie et comprenant une référence au thème fondamental des liens. Il aura sans doute trouvé la référence trop précise, redondance dans le contexte de Rhône et Saône au lieu de leur confluent.

la même famille sémantique, au point d'être tautologiques : *desassemble-s'assemble-ensemble-desjoinctz-joinctz* — unité phonique qui révèle par elle-même la fermeté des alliances, le poète et Délie formant toujours, dans le lieu impossible de leur réalisation, un couple, deux êtres confondus ensemble et qui trouveraient, dans les alliances de mots de la même famille, une image souhaitable et, dans l'instant du poème, ardemment désirée.

Les rimes pourtant n'ont toute leur résonance et leur signification métaphorique que par la suite d'occlusives essentielles à l'argumentation serrée du dizain, moyens propulseurs du poème tout entier, et mises dans une position telle qu'elles acquièrent elles-mêmes une valeur de charme, soutenant la temporisation qui aboutit efficacement au *Car* de la fin. Où que l'on regarde donc, il se trouve des agglomérats sonores produisant leur propre dynamique dans l'effet total du dizain :

> *Que* d'avec toy mon cœur ...
> *Qu'*avecques nous aulcun discord...
> *Que* ce mien feu...
> Ny *que* ma foy...

La temporisation ne conduit pas à une amplification rythmique et phonique du thème et matériau, car un changement s'opère dans la teneur des vers : tout à coup, le texte se rétrécit dans une suite de monosyllabes, ce qui met le lecteur dans un état insolite d'interrogation, sortant du contexte des sept premiers vers, d'où il avait tiré une leçon de fermeté, dite dans une masse que rien ne semblait pouvoir « disjoindre ». Ce rythme nouveau, allégé, comme décharné, signifie la victoire du raisonnement, l'épuration des doutes compris dans l'ambiguïté du début, la solution de ce que la temporisation retardait et qui devait se faire, non pas seulement par la surprise du sens, mais par les moyens syntaxiques et rhétoriques. Comme dans le vers de *Phèdre* « Le jour n'est pas plus pur que le fond de mon cœur », où les moyens rythmiques sont réduits à leur plus simple usage, la suite de douze monosyllabes agissant comme mimésis de pureté, ici l'aveu en clair de *feu* et de *foi* éclate comme dans une sorte de nudité du texte : signes lumineux sur une toile de fond ombreuse et dense, les sept premiers vers où le sens se prépare dans un embrouillement de tous les sens aboutissent à une conclusion trépidante :

> Que/ce/mien/feu/tant/soit/peu/diminue
> Ny/que/ma/foy/descroisse aulcunement

ceci soutenu enfin par la maxime isolant cet événement particulier qu'est le dizain en une majesté de vérité universelle :

> Car/ferme amour sans/eux/est/plus/que/nue.

Ainsi la géographie lyonnaise du début était, par rapport à la fin généralisante, une métaphore diminuée d'un univers où tout serait symbole d'alliance, d'amour, de fécondité.

Cet amour, dans lequel *feu* et *foy* sont des ingrédients indispensables, c'est à ce texte porteur d'un aveu amoureux qu'il le donne. Son labeur, comme son ardeur, ne connaît pas de répit, car les mots ont acquis leurs exigences et sont dépendants d'une volonté de les faire servir. C'est bien l'écriture qui est indestructible et rien ne pourra l'arracher à la page, qui est son territoire privilégié.

Le jeu des pronoms et adjectifs possessifs dans le corpus du dizain peut, dans notre optique d'interprétation, être un autre moyen grammatical agissant comme métaphore des unions hypothétiques qui, par leur aveu même de fermeté et d'indissolubilité, cachent la menace d'un bouleversement, car, hors du texte, on imagine un autre état, qui serait le contraire de celui que le dizain a instauré. S'il y a une impossibilité, encore une fois, c'est bien dans cette union tant exaltée. Pernette n'étant pas Délie, elle a le droit de saper le poème et de lui donner tort, alors que *Délie* est l'assurance d'une survie : Délie se libère de Pernette et lui confère l'absolu (*absolutus*, détaché). La grammaire imite ce va-et-vient de l'un à l'autre — d'avec *toy non* — qu'avecques *nous* — verrons et *toy* et *moy* — ce *mien* feu — *ma* foy.[8]

Ainsi, au-delà du texte, se dessine son véritable destin : c'est que l'union chantée dans les limites du dizain est elle-même, hors des marges, une impossibilité. Ce n'est pas la rupture de la fidé-

---

8. Voir, pour un jeu semblable des pronoms, les vers où Bérénice, dans le texte de Racine, ne consentant pas à être séparée de Titus « pour jamais », semble vouloir le retenir dans le jeu des pronoms prometteurs d'alliance, ainsi que dans les rappels de « seigneur » et les jeux allitérés autour des noms de Titus et Bérénice :

> Pour jamais ! Ah ! seigneur ! songez-*vous* en *vous*-même
> Combien ce mot cruel est affreux quand *on* aime ?
> Dans un mois, dans un an, comment souffrirons-*nous,*
> Seigneur, que tant de mers *me* séparent de *vous,*
> Que le jour recommence, et que le jour finisse,
> Sans que jamais Titus puisse voir Bérénice,
> Sans que, de tout le jour, *je* puisse voir Titus ?
> (Acte IV, scène v)

lité qui est impossible, mais c'est cet amour même, situé, par une rhétorique outrée, dans les zones de l'inaccessible. Comme les poèmes signifient par le tissu de leur corps et créent leurs propres chimères, un autre impossible s'introduit, imaginé par notre raison de lecteur ; la comparaison inégale entre les amoureux fictifs et le couple géographique du Rhône et de la Saône fait du symbole des fleuves unis à leur confluent un comparant insuffisant, détruit par le jeu même de l'écriture. Le procédé de l'adunaton aura agi — selon certaines lois de mimésis — sur la production du texte qui, par l'élan qui lui a été imprimé, ne produit l'impossible que pour faire ressortir d'autant plus la perfection du dizain, le seul « possible » après tout, isolé, délié de sens vérifiables pour éclater dans sa fulgurante autonomie. « Impossible » sera entré dans les intentions créatrices (reproductrices) de Scève, s'éloignant de ses volontés de signification pour devenir un jeu essentiellement rhétorique et aura fonctionné dans les entrelacements de sens et de sons pour la production du texte indissoluble.

La désunion — considérée au niveau de l'expérience amoureuse — est devenue dans l'alchimie particulière du poème la désunion impensable des vocables qui ont servi au poème irréel, illogique, extravagant dans ses anaphores. L'extase du poète le pousse vers le lieu hypothétique où ne se vérifie que l'invérifiable, où ne chante que le hors-sens. La rhétorique est l'exaltation du thème choisi au niveau scriptural — car comment pourrait-on être engagé dans une aventure si absolue ? Tout le dizain peut être vu comme métaphore de l'acte scriptural, composé de jeux hasardeux d'unions et de désunions, pour arriver ensuite à l'unité du texte qui prouve sa réalité de tissu où tout fait figure de dialogue, de suppositions hyperboliques, principes d'union, d'alliances, d'étreintes dans le domaine de l'écriture. Celle-ci appartenant au fictif est aussi et surtout formée d'impossibles — ces hasards jouant dans l'avenir du texte, fait des intangibles impossibilités d'un sens poursuivi et jamais atteint.[9]

***

---

9. La première partie de ce chapitre a paru sous le titre «'Souffrir non souffir' : formule de l'écriture scévienne »dans l'ouvrage édité par Lawrence Kritzman, *Le Signe et le Texte*, Lexington : French Forum, 1990, pp. 39-48. Il est reproduit ici avec quelques changements.

Le dizain qui s'écrit est un acte de volonté, le lieu où se débattent, dans des limites exiguës, les thèmes de mort, de désespoir, inextricablement liés aux exigences de la rhétorique, aux jeux phoniques que permet cette surface minime. Il y a dans les dizains un sens qui est projeté vers sa finalité, vers une perfection cyclique. Le choix de cette forme signifie l'option pour l'espace le plus pur, où toute frivole divergence est interdite, loin de son attention « absolue » :

> Tu te verras ton yvoire cresper
> Par l'oultrageuse, et tardifve Vieillesse.
> Lors sans povoir en rien participer
> D'aulcune joye, et humaine liesse,
> Je n'auray eu de ta verte jeunesse
> Que la pitié n'a sceu à soy ployer,
> Ne du travail, qu'on m'a veu employer,
> A soustenir mes peines ephimeres,
> Comme Apollo, pour merité loyer,
> Sinon rameaulx et fueilles tresameres. (310, p. 287)

Le sens est d'abord projeté par les moyens rhétoriques et grammaticaux, l'accumulation pronominale et possessive de l'attaque fulgurante du dizain entrant dans le champ de son action. La parole signifie souveraineté, attirant tout le poids sur elle. Poésie cruelle et meurtrière, qui sape les fondements les plus établis :

> *T*u *t*e verras *t*on yvoire cresper

A peine invoquée, la destinataire anonyme — mais qu'on peut s'autoriser à appeler Délie par le contexte des dizains — est ramenée à elle-même, prise, comprimée dans une menace torturante. Sémantiquement, ce début fortement allitéré signifie une condamnation inévitable par la vieillesse implacable — la structure devient image. La tautologie des pronoms et adjectifs possessifs est d'autant plus opérante qu'elle occupe un espace limité, mais par là plus explosif. Sans doute entraîné par la séduction des jeux inséparables du son et du sens, Scève opte pour un impossible : *l'ivoire qui se crêpe*. Il garde à la métaphore de l'ivoire la fermeté et la blancheur de la jeunesse, ce qu'elle a aussi de précieux et d'éclatant — mais il lui fait subir les rides de l'âge (« *se cresper* ») qui ne sont possibles qu'au comparé.

A la vieillesse de la dame — donc son hiver — sera opposé le printemps hypothétique de l'amour — référence à la « verte jeunesse » — qui, refusé au poète, annoncera, justifiera les feuilles de la fin, celles qui appartiennent au mythe d'Apollon, auxquelles est accordée la durée. Cela signifie pour le poète l'acceptation d'un destin autre que vivant, car il est indéniable que les « feuilles très amères » sont ce qui lui reste de son expérience, un amas de vers qui forment un dizain et enfin un livre. Les feuilles de la fin sont conçues, par un autre retour rhétorique, comme une antithèse. Les métaphores chevauchent les unes sur les autres, ne se contrôlent que dans le flux du poème qui se construit sur le fictif. L'homophonie des rimes (toutes en *è* et *é*) prolonge dans tout le dizain la monotonie de la plainte et l'inévitabilité de leur double destin, celui du poète (Apollon) et de Délie. Le poète va au-devant d'autres feuilles très amères. Il n'y a de remède au passage du temps que la poésie. On peut voir dans les feuilles les signes de la défaite du côté de la poursuite amoureuse, mais aussi des signes de sa conquête du texte. Comme chez Mallarmé, dans *Brise marine*, le voyage espéré n'a pas lieu, mais se réduit, se résume dans le « chant des matelots », plus précieux que les velléités de départ.

La forme fixe et dure du dizain s'est imposée comme image des limites de son horizon amoureux, de sa poétique fondée sur l'admission de brisures dans le chant qui s'amorce. Le contenu négatif agit comme métaphore d'une négation d'étendue, d'ampleur, d'éloquence. La forme a déterminé le thème plus que le thème n'a influencé la forme. Ce que Ronsard avait choisi comme conclusion à son sonnet de la vieillesse — « Vivez, si m'en croyez, n'attendez à demain /Cueillez dès aujourdhui les roses de la vie » — n'a pas été permis au poète difficile qu'est Scève. La limite imposée par le dizain convient à ce tourment qu'il y insère. Au lieu de roses, ce sont des feuilles très amères que le poème l'oblige à accepter. La liesse (signifiant d'abord fécondité) qui n'existe pas pour le poète au niveau sémantique est aussi signifiée dans son manque par la forme rigide du dizain, faible armature pour une joie incontrôlée. Chez Scève, timides et douloureuses verdures ; chez Ronsard — mais dans un possible fictif — le souhait de roses qui contiennent pourtant en elles les signes de leur fragilité, donc d'un bonheur menacé.

La lecture suivie de *Délie* nous donne une idée de l'œuvre qui, tout en se construisant, pierre par pierre, visant à un ensemble, est faite de dizains qui sont autant de fragments, de poèmes coupés. Chaque dizain meurt à lui-même ; il s'écrit, mais au moment de sa création, perçoit une idée de son écroulement. Au fond de cette lecture, se dessine une idée de mort, figurée chaque fois au dixième vers qui est une fin, métaphore de ce sentiment de mort que Scève avait tout au cours de sa vie. Quand il écrit, au sujet de Délie :

> En sa beaulté gist ma mort et ma vie (6, p. 123)

il aurait pu penser à ces fragments, ces débris qu'il accumule jusqu'au nombre de 449 et qui figurent chaque fois et la vie et la mort du poème. Il fallait cette forme parfaitement exiguë pour signifier ce sentiment en lui d'une défaite au moment de chaque victoire qu'était le poème accompli. Une quantité de dizains se terminent par le thème de l'amertume, de faux espoirs, de fragiles espérances. Le dizain se clôt ainsi quant à son sujet, mais il signifie aussi la mort du dizain, l'admission d'un destin de désécriture. Maîtrise du texte, mais également métaphore du texte poussant lui aussi d'une manière rigide, sans déviations. La croissance est arrêtée, statique, et n'est rachetée par aucun envol. Le dénuement de l'arbre en hiver et les verdures modérées de l'arbre au printemps sont des équivalents de pages inertes ; nous sommes près de l'hiver « saison de l'art serein » de Mallarmé, mais aussi par ses signes d'espérance, plus proche du « vierge, le vivace et le bel aujourd'hui ». Les mêmes limites dans l'espoir ont été infligées à ces deux poètes.

L'espoir, qui est pour Scève le pire des tourments, se manifeste dans le dizain où hiver et printemps apparaissent tous deux comme métaphores de sa poésie ambiguë : d'une part, l'hiver est bien sa « saison mentale », mais le printemps garde encore en lui des signes de son impuissance et de sa timidité. Scève le redoute, car il le sait fragile. Il l'évoque dans le dizain dans des énumérations — assez inhabituelles chez ce poète de la densité — mais qui restent au niveau de son désir, alors que l'hiver est son lot habituel et douloureux :

> Voy que l'Hyver tremblant en son sejour,
> Aux champs tout nuds sont leurs arbres failliz.
> Puis le Printemps ramenant le beau jour,
> Leur sont bourgeons, fueilles, fleurs, fruictz sailliz.
>   Arbres, buissons, et hayes, et tailliz
> Se crespent lors en leur gaye verdure.
>   Tant que sur moy le tien ingrat froid dure,
> Mon espoir est denué de son herbe,
> Puis retournant le doulx Ver sans froidure
> Mon An se frise en son Avril superbe. (148, p. 199)

Le printemps apparaît comme le souhait d'une saison métaphorique, expression d'une écriture désirée, celle qui, du fond du maigre dizain, souhaite une certaine expansion ; celle qui, dans ses restrictions, imagine l'espace comme promesse de poésie plus vaste, plus féconde. Au moment où il énumère, intervient dans le flux du vers un contrôle qui tient d'une certaine logique : la croissance est observée dans un ordre rigoureux, ce qui témoigne d'une maîtrise serrée du texte — *bourgeons, feuilles, fleurs, fruits* — et l'énumération est reprise dans un ordre de croissance inverse — *arbres, buissons, haies, taillis.*[10]

Dans ces références à la croissance printanière, se cache (ou se dit) une certaine méfiance vis-à-vis de l'abondance, qui serait une souillure par rapport à une idée de pureté, métaphorisée par la page blanche — de Scève comme de Mallarmé. Semblable tourment, même nudité dans l'aveu d'une poétique. Dire et ne pas dire, le dialogue est en lui-même fructifiant. Le texte prend racine dans ses doutes, ses interrogations de l'espace à parcourir et à remplir. Plus que le processus scriptural, c'est la conscience de ce processus qui impose la démarche positive du poème. Même le couronnement du dizain, auquel tendent les vers qui s'accumulent lentement, dans sa réserve, sa noble tenue, son caractère de finalité, de perfection dominée, condamne une exaltation autant qu'il la profère : *Avril*, printemps déjà limité dans la synecdoque, le temps resserré dans la brièveté et la virilité de *mon An*, associe à un attribut du printemps l'arbre, ce qui fait de l'an scévien une inévitabilité cosmique, extérieure à ses volontés, pressentie seulement dans ses désirs.

La grammaire est ici encore une poétique : la suite des participes présents qui articulent le rythme des saisons symboliques, présente une certaine monotonie qui est proche d'une négation, strate uniforme qui mime la succession des saisons et leurs rapports métaphoriques : « l'Hyver tremblant » — « le Printemps ramenant » — « retournant le doulx Ver ».

La tautologie, si fréquente chez Scève, est aussi un moyen de stabiliser le texte, de le retenir dans un minimum de sens : la constatation de l'immuable.[11] Dire que la belle Délie embellit le monde, c'est émettre une évidence qui signifie le refus d'alourdir

---

10. Voir, chez Verlaine, cet autre exemple de la logique qui peut présider, même dans l'élan poétique, au déroulement de l'énumération : « Voici des fruits, des fleurs, des feuilles et des branches » (*Green*).

11. La tautologie chez Scève est une vertu plutôt qu'un vice ; elle lui permet de nuancer et de préciser sa pensée difficile et obscure.

la sémantique par des développements et des divergences : le signifié émerge ainsi dans toute sa pureté. Cette affirmation simple s'impose dans un absolu de texte :

> Celle *beaulté*, qui *embellit* le Monde
> Quand nasquit celle en qui mourant je vis,
> A imprimé en ma lumiere ronde
> Non seulement ses lineamentz vifz :
> Mais tellement tient mes espritz raviz,
> En *admirant sa mirable merveille*,
> Que, presque mort, sa Deité m'esveille
> En la clarté de mes desirs funebres,
> Ou plus m'allume, et plus, dont *m'esmerveille*,
> Elle m'abysme en profondes tenebres. (7, p. 123)

« En admirant sa mirable merveille » (« merveille » dérivé de *mirabilis*) — par cette triple tautologie, Scève situe encore Délie à un niveau d'immuabilité. Si nous admettons que cette Déité est Délie, il s'insinue ici une autre tautologie, autorisée par la suite des dizains qui mettent Délie et la Déité à un même niveau, que les ressemblances phoniques ne font que souligner. Dans ce dizain, ces tautologies sont les tremplins à l'antithèse de la fin. Le poète est d'autant plus du côté de l'ombre que la beauté qui embellit le monde est en pleine lumière. « Celle beaulté ...en qui mourant je vis » introduit une autre tautologie : mort et vie sont égales dans le tourment qui le dévore — vie faite de mort, mort faite de vie. Même si le thème mort-vie est un poncif pétrarquiste, il est ici le constat d'ordre oxymorique qui met en relief et idéalise la beauté invoquée au début, quoique, rhétoriquement, nous devrions être, par l'oxymoron, aux antipodes de la tautologie.

La tautologie contient une reconnaissance du scriptural par ses caractéristiques statiques : écriture qui arrête plus qu'elle ne fait avancer le thème. Les répétitions de termes semblables neutralisent le sens et donnent tout privilège au langage. Par la tautologie, le thème se retourne sur lui-même ; il ne renvoie qu'à soi et meurt donc en soi-même. Mais elle a aussi sa justification la plus simple du côté du poétique : les répétitions provoquent des jeux allitérés et assonancés qui sont aux sources du poétique le plus élémentaire, acceptable dans une poésie qui grave plus qu'elle ne peint. L'allitération n'est autre, en somme, qu'une tautologie phonique. Ces évidences accumulées, ces termes repris, synonymes, homonymes, incrustent le sens plus qu'ils ne l'effleurent. Aux yeux du poète en extase devant l'imaginaire Délie, un nivellement de toute beauté s'opère et le dizain acquiert la sienne propre, égale à son sujet ; Délie et le poème participent du même culte.

On pourrait voir dans la tautologie le désir accompli du jeu le plus facile. Le ludique intervient dans ces juxtapositions de sons, d'images semblables ; elles agissent en tant que choc dans un texte qui se propose de signifier une progression et une certaine diversité. Dans l'emploi des tautologies élémentaires, il n'est pas question de travailler les mots pour les faire jouer ensemble ; elles visent à constater le cosmique, à relever ce qui est sans le soumettre à une alchimie du changement. Reproduire l'inévitable, c'est opter pour la soumission plus que pour l'ambition, c'est s'immiscer dans les volontés de l'univers sans lui vouloir de transformation qui dérangerait un ordre.

L'option d'une série de dizains est en soi une tautologie : c'est toujours Délie qui en sera l'objet, exemple de la plus haute perfection pour celui qui l'écrit. Chaque dizain est un essai dans la voie de la plus grande perfection. Ne pas vouloir dévier des chemins prescrits par le choix de ce sujet, c'est faire acte de fidélité envers l'œuvre célébrant toujours la même déesse. Cette poésie est avant tout un acte, une manifestation tautologique de la volonté :

> Le *Naturant* par ses haultes Idées
> Rendit de soy la *Nature admirable*.
> Par les *vertus* de sa *vertu* guidées,
> S'*esvertua* en œuvre *esmerveillable*.
>   Car de tout bien, voyre es Dieux desirable,
> *Parfeit* un corps en sa *parfection*,
> Mouvant aux Cieulx telle admiration,
> Qu'au premier œil mon ame l'adora,
> Comme de tous la *delectation*,
> Et de moy seul fatale Pandora. (2, p. 120)

Dans le dernier vers, la beauté de Délie cesse d'être un objet d'éloge, car Scève renverse le thème pour en faire son tourment. Si elle est de tous la « delectation », c'est qu'elle se prête aux acrobaties de l'antithèse paraissant dans l'admirable « Et de moy seul fatale Pandora ». Le thème de la fin déçoit notre attente, mais par là augmente notre plaisir : la pointe détruit la construction parfaite du Naturant. Pour la pointe, Scève doit sacrifier l'objet initial de son admiration intégrale pour Délie, à laquelle il aurait pu vouloir consacrer un monument pur. La rhétorique l'emporte dans de grandes proportions sur le thème qui le hante. Elle est en porte-à-faux quant à l'intégrité absolue du culte pour Délie. Scève émerge de ce débat cosmique comme l'être unique par sa souffrance et la possession fictive et impossible de Délie. « Au premier œil mon ame l'adora » : le dizain n'attend pas ; la synecdoque accuse la rapidité du coup de foudre qui seul convient à cette poésie qui s'est imposée de minimes proportions. Nécessité stylistique : le dizain est simplificateur et purificateur, messager de l'inévitable. Tout le dizain pouvait être justifié par cette « fatale Pandora » — dont le latin accuse l'autorité. Le poète, idéalisant la perfection de Délie, manifeste en même temps et davantage celle de *Délie*.

Le dizain est la forme tautologique la plus convaincante : serré, refermé sur lui-même. Aucune errance, comme ce serait le cas dans une épître ou dans tout poème qui se manifeste par un déploiement de matériaux, sans règle préétablie, comme chez Hugo par exemple. Litote parmi les genres, image du minime qui, pourtant, par son resserrement, sa densité, devient forme maximale. La poésie elle-même, par ses intentions de mimésis, de « reproduction », n'est-elle pas une tautologie ? Ecrire sur l'univers, c'est vouloir l'être, c'est rivaliser avec lui. Ce n'est pas, avant tout, vouloir le transformer en le faisant passer par les jeux de variations du style autour de sens superposés, mais avoir l'intention d'unir le vu et l'écrit ; c'est à une intention du semblable que le texte voudra viser.

Si l'éternité pouvait se dire et devait se dire, ce serait par le moyen d'une immense tautologie. Une sémantique compromise dans sa formulation trouve comme métaphore une forme sans brèches. Le texte, devant l'immensité des sujets qui touchent l'universel, doit reculer, s'en tenir à une approche élémentaire. La création est vue dans ses strates primordiales que traduisent les jeux de mots semblables ; la poésie est une constante plus qu'un mouvement ou une quête.

La tautologie a pu apparaître comme une nécessité de pensée au poète-philosophe constatant l'œuvre de Dieu, sans doute appelé dans le dizain « Le Naturant... » pour que soient rapprochés phoniquement le créateur et son œuvre. L'équilibre entre le sens et les sons est à l'image de l'œuvre de Dieu qui s'écrit. Le vers de Hugo qui exprime la croyance en un Dieu qui n'a pas à être nommé : « Il est, il est, il est, il est éperduement » pourrait s'appliquer à la signification de Délie aux yeux du poète, qui *est* pour lui éperdument, comme le dizain l'est par la voie de l'ardeur poétique, car Scève est à la fois l'auteur de Délie et de *Délie*. Entre l'œuvre et celle qui la suscite, les liens sont inébranlables.

L'oxymoron, conciliant étymologiquement l'aigu et l'émoussé, peut s'apparenter à la tautologie dans ce sens que les termes, pris dans une formule serrée (amère douceur) s'annulent par le fait d'être conçus dans un même mouvement de la pensée. Dire « amère douceur », c'est annihiler le sens, dans les limites de l'expression elliptique ; c'est ne rien dire, effacer son propre texte, le vider du sens qui l'obstrue. Un sens contredit l'autre et ainsi l'écrase. C'est faire de l'amour un vide. Et c'est peut-être ce que le poète-métaphysicien pouvait éprouver et désirait communiquer ; le véritable amour est celui qui se chante. De passager, il devient par là durable. C'est sa seule chance d'être éternel. Nous voyons ainsi par quel biais l'amour pour une femme tel que Scève pouvait le proclamer devient l'objet d'une essentielle confusion : comment peut-il distinguer dans ces diverses formes de beauté et de volupté qui le sollicitent ? Les morts dont il parle, ne sont-elles pas le terrain vacant et toujours ardemment désiré où l'anéantissement au niveau du vivant — du sémantique dont il s'agit d'écrire — prend une valeur positive de renaissance, de pureté initiale, de genèse, comme il le dit dans le poème liminaire, « A sa Delie » :

> Non de Venus les ardentz estincelles,
> Et moins les traicts, desquelz Cupido tire :
> Mais bien *les mortz, qu'en moy tu renovelles*
> Je t'ay voulu en cet Œuvre descrire. (p. 119)

L'amour existe au niveau de son inscription, de sa véritable réalité dans les « durs Epygrammes » ; il est agent d'un durcissement par le texte ; par les flammes il devient l'objet que l'on durcit au four,[12] la conscience d'un objet :

> Je sçay assez, que tu y pourras lire
> Mainte erreur, mesme en si durs Epygrammes. (p. 119)

L'antithèse est un autre moyen de dire la tautologie de l'univers ; elle suffit à la charpente du dizain ; être jour et nuit, c'est être encore une même personne ; par là le poète lui assure toute souveraineté : reine du jour et de la nuit. Voilà les génératrices privilégiées du poème : *amour/cruauté ; mortalité/immortalité ; liberté/servitude ; abstrait/concret ; lier/délier*. Il est parfois difficile de déduire de ces poncifs du pétrarquisme, du néo-platonisme, exploités par tant de poètes, des caractéristiques scéviennes. Ce qui peut nous éclairer cependant, c'est la

---

12. Heredia rêvait de mettre ses sujets au four de l'émailleur : « Ce soir, au réduit sombre où renfle l'athanor » (*Les Trophées*, « Rêves d'émail »).

façon dont ces thèmes sont empruntés, entrant dans une alchimie particulière, acquérant une présence unique par la dynamique du dizain, la métaphorisation, la rhétorique, et par cette perfection qui provient de l'usage du langage dans des limites strictement définies. Le dizain, dans le champ des possibilités scripturales, doit procéder par de grandes simplifications. L'élection de la femme-déesse est un choix de poète, le sujet privilégié d'une forme exiguë, qui encourage des résultats plus que de subtiles recherches.

L'hyperbole — souvent comprise dans l'antithèse — acquiert dans l'espace resserré du dizain une force poétique supplémentaire. Délie, déesse du dizain, c'est bien là son domaine d'élection, confirmé par le jeu onomastique allitéré. Sur un champ de défaite, l'espoir naît et meurt en même temps — dans un passage éphémère — auquel est garantie cependant la durée accordée à cette œuvre vouée à la plus grande perfection :

> Decrepité en vieilles esperances
> Mon ame, las, se deffie de soy.
> ...
>   Vysse je au moins esclaircir ma bruyne
> Pour un cler jour en desirs prosperer.
>   Las, abrevé de si forte Alluyne,
> Mon esperance est à non esperer. (70, p. 157)

Ainsi, chez Scève, tout se ramène à l'horizon circonscrit de l'écriture du dizain. L'idée platonicienne de la mort à soi-même pour vivre en l'autre figure, au niveau de l'écriture, le passage de l'homme qui vit à celui qui écrit, s'oubliant lui-même pour vivre dans cet autre qui serait l'écrit : image de lui-même, mais le remplaçant. Le monde dépouillé qui est le sien — saisons peu affirmées, « maigre Caresme » — est ardu et désert, un univers gris que l'on dirait de genèse, et qui est le lieu et en même temps la métaphore de son esthétique. Nous sommes ici très près du cimetière marin de Valéry, lieu également à l'image de son art ou de celui qu'il souhaitait :

> Tout est brûlé, défait, reçu dans l'air
> A je ne sais quelle sévère essence.

Quand le poète amoureux se dit réduit en cendres, il propose le symbole de l'homme qui disparaît, s'évanouit, pour ne garder que la voix ; tout l'être est ramené à une réalité de parole ; de lui, il ne reste que « la bouche ouverte à demander mercy ». (82) En fin de compte, *Délie* est une conquête sur le Temps ; ses 449 moments sont comme les fragments épars d'un monument contre l'oubli, une promesse d'immortalité posthume :

> Nostre Genevre ainsi doncques vivra
> Non offensé d'aulcun mortel Letharge. (449, p. 365)

Par leur structure, leur syntaxe, leur ardeur, les dizains sont autant de témoignages d'un poète qui se fait en se défaisant, qui donne toute sa mesure au moment où il se transforme en texte.[13]

---

13. Voir également mon *Poème-Symbole : De Scève à Valéry*, Paris : Nizet, 1967, p. 21-35.

Chapitre II

RONSARD OU LA VOLONTÉ D'ÉCRIRE

Comment situer une poésie qui part de modèles, de sources qui ne sont pas toujours dissimulées — car les lecteurs avertis y distinguent les éléments empruntés — et qui doit pourtant s'affirmer comme une production autonome ?[1] N'est-ce pas inviter le lecteur à assister à des manifestations impérieuses de langage, d'autant plus affirmées que le sujet est déjà préparé dans une langue étrangère ? C'est le sonnet tout entier, vu dans son dynamisme global — souvent fait de l'assemblage de divers auteurs — qui livre son sens et assure, par la voie des jeux rythmiques, rhétoriques, l'intégrité du texte. Par la contamination d'un exemple de passion, le poète se crée un être amoureux qui joue la comédie ou la tragédie d'un amour qui finit par croire à ses fantasmes. Si le poète greffe son œuvre sur une strate qui ne lui appartient pas, c'est qu'il ne peut pas se dire lui-même et qu'il croit se dire plus authentiquement en empruntant aux autres. Il s'agit avant tout, dans ce siècle, de se montrer fidèle à un exemple d'humanisme et de se méfier de ses propres trouvailles. L'entreprise de Montaigne est sans doute centrée sur

---

1. Les *Amours* sont loin d'être une œuvre aussi homogène que la *Délie*. A côté des *Sonnets pour Cassandre* qui comprennent 219 sonnets, interrompus seulement à deux reprises par une *Chanson* et une *Amourette*, la suite des *Sonnets pour Marie* et enfin les *Sonnets pour Hélène*, les *Amours* sont formés d'une quantité de poèmes divers — *Elégies, Chansons, Odes*, etc. — et de nombreux sonnets inspirés par d'autres amours. Nous choisirons donc dans cette œuvre disparate les *Sonnets pour Cassandre* (1552-3), les seuls qui conviennent à notre propos. A la fin de notre étude, nous ferons brièvement allusion au thème de l'anti-pétrarquisme, tel qu'il paraît dans *A son livre* de la *Nouvelle continuation des Amours* (1556) où Ronsard répond à la « dame honnaste » qui lui reprocherait d'avoir abandonné Cassandre.

la recherche du moi, mais il y est arrivé après de longues tentatives, la lecture des autres, les premiers essais qui « puent un peu à l'estranger ». Seuls Marot et Villon avaient fait, avant Ronsard, de nombreuses allusions directes et sensibles à leur moi, mais dans des œuvres qui avaient été entreprises dans un dessein de confession (Villon), ou dans des intentions d'apitoyer les grands pour en obtenir des faveurs (Marot). Le moi de Ronsard est singulièrement transformé et dissimulé au moment de l'écriture : c'est par elle qu'il trouvera son identité.

La suite des *Amours*, la plus considérable sans doute quant au volume qui soit, a pu paraître, aux yeux de Ronsard, visant au « grand poème », l'épopée, qu'il n'a jamais su réaliser avec succès, une approximation de grande œuvre. Il se fortifie par l'exemple de Pétrarque (*Canzionere*), de Scève (*Délie*), de Du Bellay (*Olive*, qui précède les *Amours* de trois ans). Comme il est déterminé par l'exemple des autres, il est poussé vers la forme du recueil par une certaine obligation de mode, ou de satisfaction de son ambition, étant donné son désir de les égaler, voire surtout de les surpasser. Ayant opté pour le poème court et à forme fixe, il lui donnera souvent une ampleur inaccoutumée et, par l'insistance, de sonnet à sonnet, une forme qui pourrait l'apparenter aux grands poèmes.

Le code de lecture nous avertit que l'œuvre n'est possible qu'en dehors du statut biographique, dans la plupart des cas du moins. Il faut juger l'œuvre dans ses jeux, la goûter dans le déploiement de son langage souvent somptueux, dans les ornements et l'opulence de la rhétorique. Sur des thèmes souvent traités, l'auteur se prouve dans le travail d'adaptation des mythes. C'est là que sa « fureur » s'exerce, dans les réseaux d'une souple et audacieuse intertextualité. Le lecteur est leurré par celui qui se présente en tant que « poète de l'amour », limitant son action à chanter un sujet, alors que la sincérité (*sine cera*, miel sans cire, texte sans précédent) commence dans le travail du langage. Le poète trompe son lecteur car il sait jouer, en plein artifice et larcin, la comédie de la spontanéité la plus intègre et la plus naïve. Il faut tenir compte des moments où interviennent, dans les interstices du texte « artificiel », des appels à la vie spontanée, dans des vers d'une limpide légèreté et d'une douce nostalgie, où l'auteur paraît délivré d'influences et n'écoute que sa manière et les exigences de son cœur.

Pourtant, même dans les passages où Ronsard semble parler en son nom, tant le texte est facile et évident — par exemple quand il s'écrie : « Mon dieu, mon dieu, que ma maistresse est belle ! »[2] — il joue à la spontanéité comme il pouvait jouer à l'érudition dans les textes ambiants. Les exégètes nous apprennent en effet que ce vers « serait une variation très libre sur le début d'un sonnet de l'Arioste : *Madonna sete bella e bella tanto* » (p. 526). Le lecteur ne pouvait pas soupçonner que cette naïve explosion ne provenait pas d'une expérience personnellement admise et exaltée. Même ici donc le processus poétique agit au niveau du sur-réel : vérité d'auteur-lecteur plus qu'auteur original. Par son travail appliqué de passion fougueuse, Ronsard crée un personnage fictif : l'amoureux croyant à ses fantaisies et invitant le lecteur à y croire. Autant d'ardeur pourra intervenir dans l'acte de chanter le manque d'amour ou l'amour non-partagé que dans celui de l'amour vainqueur, celui-ci sans doute imaginé. Défaites et victoires inventées sont un égal butin.[3]

Un débat se poursuit entre l'acte d'écrire, fondé sur une inévitable mesure, un contrôle calculé et l'extase qui le fait sortir de cette mesure pour lui donner de l'envol. Mais l'envol est à peine désiré et imaginé qu'il se voit arrêté. Cet amour qui le fait délirer est d'une nature particulière, assagi d'avance par les exigences de l'imitation et de la forme du sonnet. Ronsard se dit inspiré sans l'être ; ou il l'est plutôt au deuxième degré. Son extase commence et se déploie devant les textes d'amour qu'il lit avec un incontestable enthousiasme. Mais ces ardeurs ne sont pas les siennes ; sur le papier, elles se calment. Tout en disant qu'il brûle, il est de glace, selon la formule pétrarquiste appliquée à ceux qui aiment et vivent dans un monde de tensions contraires. Les délires de Ronsard sont conformes à l'étymologie du mot *lira*, « le talus sortant du sillon », donc déviation hors d'une ligne fermement tracée, déterminée par le *versus*, autre image agricole, « le retournement de la charrue au bout du sillon ». L'étymologie explique sa poétique, par le travail que la poésie exige : compte des syllabes, recherche des rimes, asservissement et limite de la césure. Le poète a conscience d'une ligne

---

2. Pierre de Ronsard, *Les Amours*, Paris : Editions Garnier, 1963. Excellente édition préparée par Henri et Catherine Weber. Toutes les citations seront faites d'après cette édition. Ici, sonnet 50, p. 33.

3. Il y aura, sans doute, dans toutes nos assertions, des exceptions. Quel texte permet une interprétation qui donne toujours raison au critique ? Celui-ci fausse le texte en l'attirant à lui ; il dissèque là où il fallait englober. Il faut tenir compte des moments où interviennent, dans un texte en partie emprunté, des souvenirs du vécu, des appels spontanés vers une forme de vie éprouvée ou désirée.

à suivre, en bon laboureur qu'il est. Le délire cesse quand il est capté, contrôlé. Bons et sages délires qui se voient acheminer vers la fin du vers, s'écroulent, mangés par la rime, se dissipent, figés, arrêtés ou haletants si le sens dépend d'un enjambement. Syntaxiquement, le délire est une écriture sur, au-dessus d'une écriture.

La servitude dans laquelle la Dame tient le poète — « Celle qui tient ma liberté saisie » (10, p. 9) — est un tourment inévitable d'écriture. Les *Amours* l'empêchent de s'en détacher — chaque jour engendre la même contrainte ; plus que la souffrance, c'est la pensée de la souffrance qui l'occupe et les mots précieux pour la dire. Comme chez Scève, « Souffrir non souffrir » peut passer pour une formule d'écriture, parallèlement à ce qu'elle peut signifier au niveau fictif des amours. Ses peines et ses joies viennent de la difficulté d'écrire et ensuite de sortir victorieux de cet exercice.

Sous le voile d'une pensée amoureuse, s'exprime la volonté qui pousse et stimule le poète :

> Soit que le jour ou se couche, ou se leve,
> Je sens tousjours un penser qui me mord,
> Et contumax au cours de son effort,
> De pis en pis mes angoisses r'engreve. (11, p. 10)

Quand le poète, avec Pétrarque, parle des effets de l'amour, c'est encore applicable à l'œuvre qu'il écrit, sa vraie servitude :

> J'ayme estre libre, et veulx estre captif...(12, p. 10)

Ne se réfère-t-il pas à l'inévitabilité de son destin qui ne peut être libre de ses urgentes ambitions d'écrivain et doit souhaiter et même encourager son désir de captivité, soumission à l'œuvre qui demande à être entreprise et poursuivie ? Quand le poète revient sans cesse sur les mêmes plaintes, n'est-ce pas pour des exigences de sonnet ?

> Et le plaisir qui ne se peult passer
> De les songer[4], penser et repenser,
> Songer, penser, et repenser encore. (23, p.17)
> Plus que venin je fuy la liberté,
> Tant j'ay grand peur de me voyr escarté
> Du doulx lien qui doulcement offense (105, p.66)

De même, le songe est un prétexte à l'étreinte poétique, métaphore de la poésie vivant d'artifices. Le poète avoue en être réduit à des possessions fictives :

---

4. Les charmes de Cassandre et, parallèlement, du sonnet.

> Las, où fuis-tu ? Atten encor un peu,
> Que vainement je me soye repeu
> De ce beau sein, dont l'appetit me ronge,
> Et de ces flancz qui font trespasser :
> Sinon d'effect, seuffre au moins que par songe
> Toute une nuict je les puisse embrasser. (30, p. 21)

Par l'écriture, Ronsard va essayer de recréer les possessions fausses du rêve. L'amateur de feinte — Ronsard nous dit lui-même que la poésie est une feinte — sait que les seuls corps dont il entreprenne la conquête ont la consistance du rêve, n'ont de réalité qu'en la poésie qui les capte. Le thème du songe est la parfaite métaphore de ce processus, suite de sonnets éphémères, faits de l'impalpable, de l'irréel, du passager.

La volonté d'aimer ou le tourment de l'amoureux sont, parallèlement, ce qui préside à l'acte poétique. Il y a ici une confusion de toutes les volontés, rassemblées dans les gestes de l'écriture. Les anaphores qui articulent tout le sonnet « Je veulx mourir pour ses beautés » agissent comme les métaphores du désir scriptural :

> Je veus mourir pour tes beautés, Maistresse...
> Je veus mourir pour cette blonde tresse...
> Je veus mourir pour le brun de ce teint...
> Je veus mourir es amoureus combas... (47, p. 31)

Tant d'anaphores pour un prétendu désir de mort, au lieu d'être au service de la sémantique amoureuse, reportent la volonté sur l'acte d'écrire où la mort apparaît comme la promesse d'une nouvelle écriture. L'attention que le poète attire sur les jeux sonores, parfois les plus faciles, est un autre moyen d'exprimer sa volonté seule, d'employer le langage pour lui-même, pour sa propre exaltation. C'est la signature d'une écriture concentrée sur elle-même. Tautologique, elle ne signifie qu'elle-même. L'écrit ne dit que l'écrit. Tout se résorbe dans la voix qui entreprend de clamer.

L'hyperbole est la figure qui prédomine dans l'écriture qui se situe dans l'anormal et l'excessif :

> Je veulx *darder* par l'univers ma peine,
> Plus tost qu'un traict ne volle au descocher (16, p.12)

« Darder » pourrait nous autoriser à cette interprétation : ce qui appartient à l'appareil de l'amour, les flèches de Cupidon, les dards, auront pu fusionner dans la vision du poète avec ceux du « stilus. » Au thème guerrier du mythe de Cupidon s'associe la dynamique intense qui accompagne l'acte poétique. Le poète est le véritable « ardent archer ».

La poésie de Ronsard livre tout son sens dans l'intention de « faire » avant tout : il est guidé par le désir de produire une œuvre par tous les degrés de la dynamique créatrice : force, fougue, éréthisme. C'est ce que ces suites de sonnets prouvent d'abord comme sens ; le texte s'érige, insistant, pour rejaillir avec plus de force, dont les fragments sont autant de brisures génératrices. Phénix, Sisyphe, Antée, Protée : ces mythes sont présents sous le texte qui évolue. Chacun est un mythe d'écriture : renaissances, recommencements, reprises de vigueur, possibilités de toutes formes.

L'éréthisme figure, plus que les thèmes d'amour, le désir sexuel accepté comme métaphore de l'acte scriptural. Inversement, le poème d'amour sera, par lui-même, métaphore de l'acte sexuel ; c'est dans ce milieu d'échanges dynamiques que se meut cette œuvre qui, malgré ses artifices ou par ses artifices, propose un thème d'ardeur explosive. Le texte est image d'une lutte, marquée par une suite de morts hypothétiques. Ronsard laisse les victoires et les défaites d'amour dans le domaine d'une sémantique fictive, pour que se prononce d'autant mieux l'espoir de l'œuvre affirmative, classée, sonnet après sonnet, avec une jactance et une assurance exemplaires. Ronsard n'a jamais douté de ses pouvoirs ; les faiblesses qu'il admet parfois en amour pourraient être admises pour créer un constant et vivant contraste avec la force poétique qui s'en empare.

L'irréel de la situation dans laquelle se met le poète par la complaisance avec laquelle il accepte l'insolite, constitue un commentaire du poème lui-même ; cette fabrication dépend d'un usage continu des tropes. Au lieu d'un statut de présence véritable d'un chagrin, il s'agit pour le poète de traquer le chagrin par les voies les plus ostentatoires, de le faire entrer dans le domaine d'une manifestation cosmique. Le sonnet est le lieu d'une explosion d'autant plus flagrante qu'il prévoit les limites du vers. Cette tension dans des espaces restreignants acquiert une valeur métalinguistique, image d'une poétique hyper-dynamique, qui, tout en acceptant les limites du sonnet, acquiert un nouveau sens par cet espace qui nie les possibilités de tension extrême et les dépasse.

L'œuvre commence par l'aveu d'un emprunt :

> Qui voudra voir comme un Dieu me surmonte...
> Me vienne voir...(1, p.4)

C'est par la traduction de Pétrarque qu'il entre en scène avec une autorité qui est un leurre :

    Chi vuol veder quantunque po natura... (*Rime*, 248)

N'est-ce pas, dès le commencement du texte, proclamer, en un geste spectaculaire, une nouvelle autorité, celle qui se fortifie par l'apport des autres ? C'est ainsi que Ronsard s'offre à son public, se situant dans son *Vœu*, poème liminaire des *Amours*, comme l'auteur de son « livre immortel ».

Parallèlement au texte qui se produit, le thème du dire et du non-dire alimente les vers dans le milieu équilibrant du sonnet ; le dire et le non-dire se rejoignent et sont soumis à une même volonté d'écrire que les poèmes volontaires tels que « Je veulx darder...» Car tout, chez Ronsard, devient matériau égal de poésie. Le thème fondamental de l'articulation par les mots se renouvelle par son contraire, son impossibilité toujours feinte. Le thème du sonnet qui se construit sur le négatif se contredit par l'exagération même de l'effort vain pour dire le nom de la dame, dépassant toute expression et pourtant occupant toute l'expression :

    Bien mille fois et mille j'ay tenté
    De fredonner sus les nerfz de ma lyre,
    Et sus le blanc de cent papiers escrire,
    Le nom, qu'Amour dans le cuœur m'a planté. (27, p. 19)

    La mythologie est pour Ronsard une préécriture. La référence à la mythologie est, selon un des paradoxes qui sont les ferments du poétique, l'indication d'une écriture autonome. « Je ne dis les autres sinon pour d'autant plus me dire », écrivait Montaigne.[5]

    Le même phénomène se présente chez les poètes : écriture seconde qui emprunte ses thèmes à une autre écriture. L'acte poétique de Ronsard consiste à rapprocher un présent d'avance fictif d'un passé qui l'universalise, le situe dans un infini qui est strate illimitée. L'œuvre trouve chez les Anciens un exemple, une signature, une autorisation à l'acte de poésie. Par rapport à ses lectures, le vécu ou à vivre devait paraître à Ronsard non travaillé, non vérifié, peu propre, par son aspect immédiat et fruste, à la mise en écriture. Un travail de dépouillement dans les infinis hasards des créations poétiques a déjà été entrepris pour lui ; il est entré dans

---

5. Montaigne, *Essais*, éd. Pierre Villey et V.-L. Saulnier, Paris : PUF, 1965, I, xxvi, p. 148. D'autres citations renverront à cette édition.

le domaine de l'écriture ayant le goût de ce qui s'apparente à ce qu'il souhaite lui-même entreprendre. Le mythe, mis en sonnet, est travaillé, simplifié, mais dirigé dans les diverses voies de ses significations possibles. La malléabilité des mythes permet à Ronsard de se libérer lui-même en les employant, en les déformant.

L'écriture ronsardienne est dirigée par un désir de métamorphoses qui coïncide avec son goût de la métaphore. Elle indique le privilège d'une écriture poétique qui annihile le moi du poète comme un sujet vain, indéterminé et quasi-inexistant. Ces métamorphoses sont autant d'hyperboles qui conviennent au poète déterminé par l'idée de grandeur, démesure de l'œuvre souhaitée. Démarche extravagante surtout : la trajectoire entre l'être et la métamorphose est inconcevable dans ses disproportions. Vouloir être Jupiter — comme dans le sonnet des métamorphoses — c'est vouloir posséder toutes les promesses du poétique, dominer le monde par sa quête. Considérons un instant cet admirable sonnet :

> Je vouldroy bien richement jaunissant
>   En pluye d'or goute à goute descendre
>   Dans le beau sein de ma belle Cassandre,
>   Lors qu'en ses yeulx le somme va glissant.
> Je vouldroy bien en toreau blandissant,
>   Me transformer pour finement la prendre
>   Quand elle va par l'herbe la plus tendre
>   Seule à l'escart mille fleurs ravissant.
> Je vouldroy bien afin d'aiser ma peine
>   Estre un Narcisse, et elle une fontaine
>   Pour m'y plonger une nuict à sejour :
> Et vouldroy bien que ceste nuict encore
>   Durast tousjours sans que jamais l'Aurore
>   D'un front nouveau nous r'allumast le jour. (20, p.15)

Ces amours monstrueuses, mais d'une grande magnificence, imaginées par Ronsard, si on les sort du contexte du mythe, sont l'occasion pour le poète d'exposer sa jactance et de clamer son irrévérence. L'écriture anormale est autorisée par le choix délibéré qu'il fait de l'hyperbole. L'humaniste en Ronsard use des mythes en dissimulant sa science : nommer Jupiter dans ses amours d'une audace conquérante, avec Danaé, Europe, Alcmène, c'était supprimer l'ambiguïté, le mystère, privilège du poète voulant faire passer pour son compte les moyens métaphoriques de séduction. Sans lectures et sans emprunts, il aurait pu songer à la pluie d'or comme une superbe métaphore de la semence, au taureau comme une métaphore de sa fougue, inventer aussi une double nuit qui serait à l'image d'une sexualité surnaturelle, confondue avec un désir de poésie infinie alimentée par sa propre fureur. Que Ronsard atteigne un lecteur savant, une partie du mystère est rompue au profit d'une compréhension lucide ; seule subsistera la constatation d'une science d'humaniste, tandis que le lecteur non-savant, ne devinant donc pas les allusions, pourrait accorder au poète l'autonomie de ses métamorphoses et de ses propres moyens métaphoriques.

Ne pas nommer Jupiter, c'était aplanir le texte pour qu'y éclate la référence onomastique primordiale, pour laisser au nom de Cassandre sa dynamique de séduction. Il émerge ainsi comme une autre allusion mythologique — et qui doit être la plus ostentatoire — Cassandre, non pas seulement rapprochée, dans ce contexte, de la princesse troyenne, mais étant la princesse dans le territoire du sonnet ; c'est-à-dire personnage, quoique proche, inaccessible et lointain, fictif, qui traduirait mieux le statut de la dame pour laquelle il prétend souhaiter d'irréelles métamorphoses, privant ainsi Cassandre Salviati de son pouvoir ensorcelant, la transformant elle aussi en un mythe. En plein sonnet de désirs, c'est avouer une foncière impossibilité, un échec au-delà de la seule écriture extravagante. Cassandre est en position de signature sacrée dans le sonnet qui semble écrit pour entourer et corroborer son nom. « *Ma* belle Cassandre » est un leurre, une appropriation scandaleuse de la part du poète. Fausses possessions pour la vérité d'un sonnet.

L'érotisme, éprouvé sans doute par Ronsard au niveau de l'homme désirant, a trouvé, pour se manifester, pour l'avouer, le langage destiné, par ses jeux et son intensité, à le traduire. Il suffirait de considérer les rimes dans lesquelles s'insère, comme dans son centre, le nom de Cassandre, pour admettre qu'elles agissent comme instruments de la promulgation de ce double désir, parallèle : celui de la femme qui existe comme objet réel de désir, imaginée comme une possibilité d'amour telle qu'il rejoint le cosmique, isolé à un niveau détaché de toute possession, et celui du poète transmettant l'accomplissement du désir souhaité. Les allitérations et assonances, abondamment répétées et se liant, comme à l'image d'une étreinte, tissées ensemble dans le réseau des quatrains, signifient l'idée d'une union intime qu'il souhaite indestructible. Le texte s'est chargé d'une lourde sensualité.

Ronsard s'approprie la poésie comme le lieu de sa vie éprouvé à tous les niveaux ; il est le champ de ses incursions érotiques, rêvées et pourtant rendues authentiques par l'écriture, assouvissement d'homme autant que de poète. La suite de ces rimes jointes entre elles par une riche euphonie signifie Eros dans ses pouvoirs éréthiques. Cassandre est littéralement embrassée dans le texte :

>jaunissant
>descendre
>CASSANDRE
>glissant
>blandissant
>prendre
>tendre
>ravissant

ceci renforcé — car le désir ne s'interrompt pas — soutenu par des rappels phoniques à l'intérieur des vers : ri*che*ment, *s*ein, lor*s* que, le *s*omme.

Les rimes riches, non pas tant, selon la définition traditionelle, voyelles renforcées par les consonnes d'appui, mais rimes qui, par leur teneur et dans leur accumulation, transmettent une idée d'abondance, de sensualité, de « richesse ». Les allitérations en *s* et les assonances en *an* corroborent par l'intensité de leur succession le thème d'un amour sensuel et outré ; puis, selon la progression du thème, souhaitée par le poète pour la structure imaginée du sonnet, la prédominance des *r* dans les rimes des tercets, prenant une valeur d'arrêt, de formulation du désir, d'une sentiment de durée : *séjour, encore, aurore, jour*.

L'intensité du désir (femme/poème) est marquée par la série d'anaphores qui articulent le poème («Je vouldroy bien...»). La récurrence des mêmes moyens d'expression soutient un thème dynamique, l'imminence du désir. L'anaphore, fondée sur une dépendance du pluriel, est en elle-même un commentaire de fécondité. L'acte poétique est directement associé au rythme de la séduction, puis de la possession ; ceci se voit dans la succession des verbes qui suivent les mouvements de l'acte amoureux : *descendre, prendre, plonger, durer* («que ceste nuit durast »). Le désir du poète va au-devant de son achèvement ; la petite mort qu'est l'acte sexuel étant aussi le poème fini, se voyant dans sa complétude. La progression dans l'intensité et la profondeur de ces actes dirigent la marche du poème ; par là se dessine l'image du texte qui s'engendre, se déploie, finit par surgir dans sa forme durable, celle qui lui confère son assouvissement. Le sonnet, au moment de promulguer un sens, le contredit, le plonge dans l'invraisemblable, si bien qu'il est confronté à sa propre destruction. Que reste-t-il de cette tension sinon l'idée d'une force extravagante ? Ronsard se prouve, non pas seulement dans son dynamisme, la force à laquelle il veut croire, mais dans son ambitieuse volonté d'adhérer au cosmique, comme poète universel.

Rien ne saurait mieux illustrer la démarche de Ronsard que le passage de Montaigne dans *Sur des vers de Virgile* où la poésie est, par un jeu de l'esprit et dans un effort de compensation devant les plaisirs qui échappent au vieillissant Montaigne, plus sensuelle que l'amour même. Les vers de Virgile, par leur masse charnue, par le charme de leurs rythmes et de leurs vocables, agissent véritablement dans la suscitation de l'érotisme. Même si Montaigne doit à regret se contenter de Vénus de papier, il n'en traduit pas moins ici son idée sur la part des sens dans la poésie et leur supériorité, dans son optique particulière, par leurs qualités susceptibles de durer, sur une expérience d'activité passagère :

>...les forces et valeur de ce Dieu (l'Amour) se
>trouvent plus vives et plus animées en la peinture de
>la poésie qu'en leur propre essence... Elle (la Poésie)
>represente je ne sçay quel air plus amoureux que
>l'amour mesme. Venus n'est pas si belle toute nue, et
>vive et haletante, comme elle est icy chez Virgile. (III, v, p. 1017).

Seul parmi les mythes des métamorphoses, Narcisse est nommé, et pourtant c'est le seul qui soit déformé et ne convienne guère à la suite des métamorphoses heureuses. Déformé puique Narcisse méprisait l'amour et résistait à toutes les jeunes filles qui lui en témoignaient. « Estre un Narcisse, et elle une fontaine » : dans ce zeugme audacieux, n'y aurait-il pas l'indication d'une brèche et qui traduirait l'amour impossible au moment même de la profération du désir ? Au cœur du désir, se greffe sa propre destruction. Comment Narcisse se mirant dans une fontaine, tombant amoureux de sa propre image et y trouvant la mort, peut-il convenir au thème des autres métamorphoses de Jupiter ? Serait-il une indication que tous ces désirs sont voués à l'échec ? La Cassandre-fontaine est de mauvais augure : objet de désir, mais annihilé dans l'instant même par la fluidité de l'eau, insaisissable et fuyante. N'est-ce pas un piège que le poème dans son cours aurait tendu au poète ? Le texte aurait-il forcé Ronsard dans la voie de l'admission d'un « faux amour ? »

« Je vouldroy bien... » pourrait, dans ce réseau de significations miroitantes toutes fondées sur le doute, signifier : je crains fort d'être un Narcisse si Cassandre doit être la fontaine où m'attend la mort.

Il y a ici rupture du poème qui progresse, brèche dans le champ de l'imaginaire et qui en montrerait la faiblesse. Ronsard n'a pas pu résister à l'entraînement initié par l'anaphore et la raison s'est, pour un instant, envolée. L'impossibilité de l'accomplissement du désir l'aura poussé à choisir, parmi les mythes, celui qui serait la représentation de ce « faux amour », pour lequel Apollinaire imaginera les personnages homosexuels qui devaient agir dans *La Chanson du mal aimé* comme métaphores de l'amour dans lequel il s'était senti trompé : le voyou à Londres, Louis II de Bavière. Ronsard introduirait-il dans son sonnet un exemple d'anomalie pour signifier son amour fictif ? Narcisse comprendrait ainsi, par un échange de significations, la condamnation d'amours impossibles : celles des métamorphoses de Jupiter. La syntaxe sera audacieusement déformée pour se soumettre à la déformation d'amours heureuses. Ronsard aura été poussé sans pouvoir s'en défendre vers cette liberté de la syntaxe pour qu'à tous les niveaux — au niveau grammatical aussi — le texte garde le charme de l'insolite, son pouvoir d'ensorcellement, mais aussi sa troublante ambiguïté.

Les anaphores, les inversions, les incises sont autant de moyens de temporisation qui augmentent le trouble de la volupté désirée ainsi que les manifestations d'une attente anxieuse et doutant, dans l'acte de la profération du désir, d'un accomplissement possible. Le thème est, du côté de la sémantique, d'une grande simplicité, mais immense par la résonance des mythes qu'il évoque et dont il se sert, l'ampleur somptueuse de la propagation sonore et de la rhétorique. Les accouplements improbables se réalisent dans un jeu de rimes où les éléments de constante ressemblance proposent l'idée d'alliance. Les rimes des tercets, d'une teneur phonique inévitablement différente, pourraient figurer, par la prédominance des *r*, les liens durcis de ces unions souhaitées dans les réseaux de l'imaginaire, et figurer également l'assurance de l'achèvement d'un sonnet glorieux. Le sonnet se présente comme un geste d'unique volonté, de « fureur poétique », mais contrôlé par les exigences et les règles du sonnet.

Le Ronsard du poème des métamorphoses — entre autres — n'est pas éloigné du *Satyre* de Hugo, proclamant sa victoire sur les dieux par la voix qui lui accorde les droits de la toute-puissance : « Je suis Pan ; place à Tout, Jupiter à genoux ». Chez Hugo aussi il s'agit d'une sensualité extrême éprouvée par lui-même, en ces jours de mai où il écrit le poème de la « palpitation sauvage du printemps ». Chez Ronsard, le désir est forcément limité du fait qu'il est enfermé dans les limites du sonnet. Son entreprise est pourtant comparable en partie avec celle, imperturbable et admirable, de Hugo : tous les deux armés d'une croyance en leur pouvoir. Tout s'abaisse dans leur « fureur », dans laquelle un sens « raisonnable » s'écroule pour ne dire qu'un immense désir, réparti dans tous les domaines de l'humain et du scriptural.

Quoique le thème de l'érotisme universel dans « Or que Juppin... » ne soit pas employé comme dans « Je vouldroy bien... » en vue d'un argument progressif mais pour annoncer le contraste avec le thème de la solitude du poète — inventé pour l'occasion au dernier tercet dans une intention d'antithèse —, il est un aveu positif d'une volonté d'adhésion au cosmique, celle que partagent l'amateur d'érotisme et en même temps le poète dont l'ambition est universelle de posséder des proies toujours grandissantes. Dans cette opposition se dit le regret d'être seul en tant que poète plutôt qu'accorder son désir à la plus complète possession des domaines rêvés :

> Or que Juppin espoint de sa semence,
>   Hume à longz traitz les feux accoutuméz,
>   Et que le chault de ses rains allumez,
> L'humide sein de Junon ensemence :
> Or que la mer, or que la vehemence
>   Des ventz fait place aux grandz vaisseaux armez
> ...
> Or que les prez, et ore que les fleurs,
>   De mille et mille et de mille couleurs,
>   Peignent le sein de la terre si gaye,
> Seul et pensif, aux rochers plus segretz,
>   D'un cuœur muet je conte mes regretz,
>   Et par les boys je voys celant ma playe. (155, p. 100)

Même si la fin est négative, il subsiste dans le poème la prééminence de l'exaltation sensuelle de Jupiter, de la mer, des prés. Les anaphores (*Or que...Et que...*) qui annoncent les exemples de fécondité, l'exubérance de joie printanière, agissent comme images d'abondance, de multiplicité, étendent un sens qu'elles ne diversifient pas par la variété des moyens rhétoriques, qui auraient nui à l'unicité du thème cosmique englobant. Leur masse uniforme au contraire figure l'intensité du désir. Les récurrences d'assonances et d'allitérations jouent dans le contexte comme images du sensuel.

Parfois la modernisation de la mythologie — par le rapprochement avec le présent du sonnet — est un moyen d'authentifier le poème, de le rattacher à une expérience ; leurre en plein texte mythologique qui est l'ouvrage d'un humaniste. Cassandre entre ainsi dans le cycle des Dieux :

> Ne plus, ne moins que Juppiter est aise,
>   Quand de son luth quelque Muse l'apaise,
>   Ainsi je suis de ses chansons épris,
> Lors qu'à son luth ses doits elle embesongne,
>   Et qu'elle dit le branle de Bourgongne,
>   Qu'elle disoit, le jour que je fus pris. (108, p. 68)

Dans « Un Prométhée en passions je suis », Ronsard s'empare du mythe pour son propre jeu, sans craindre, tant il est entraîné par le processus métaphorique, de tomber dans le grotesque :

> Pour estre en vain tes beaulx soleilz aymant,
>   Non pour ravir leur divine estincelle,
>   Contre le roc de ta rigueur cruelle
>   Amour m'atache à mille cloux d'aymant.
> En lieu d'un Aigle, un soing horriblement
>   Claquant du bec, et sifflant de son aille,
>   Ronge goulu ma poictrine immortelle,
>   Par un désir qui naist journellement.
> Mais de cent maulx, et de cent que j'endure,
>   Fiché, cloué, dessus ta rigueur dure,
>   Le plus cruel me seroit le plus doulx.
> Si j'esperoys, apres un long espace,
>   Venir vers moy l'Hercule de ta grace
>   Pour delacer le moindre de mes nouds. (13, p. 11)

La divine étincelle ravie par Prométhée se transforme en feu, celui des yeux de Cassandre qui proviennent de ses « beaulx soleils » et qu'il ne pourra pas ravir. Le roc de Prométhée devient celui de la « rigueur cruelle » de la Dame où l'amour l'attache « à mille cloux d'aymant ». C'est dans la métaphorisation de son tourment qu'il intervient avec le plus d'audace, tant le thème génère de variations dans la transformation du mythe. Il s'agit d'une poésie en travail, donc sujette à des déformations curieuses. Ronsard devient poète du surréel. Il affirme une volonté telle qu'elle supprime tout obstacle à son accomplissement. L'aigle appartient bien au mythe de Prométhée, mais quand Ronsard garde au cours de sa libre adaptation de la métaphore les traits appartenant à l'aigle et qui ne conviennent guère à son comparé, l'amant malheureux, il entre dans les réseaux de l'impossible, de l'irraisonnable : le « soing » « claque du bec » et « siffle de son aile » et « ronge goulu sa poitrine immortelle » ! Ainsi naît un nouveau mythe : celui du poète de Prométhée. Hercule venant au secours de Prométhée serait la force de la femme rigoureuse qui viendrait sauver l'amant, provoquant l'invraisemblable métaphore « l'Hercule de ta grace », où le sacré attaché au mythe de Prométhée se dissout et entre dans le domaine du ludique. Ronsard a fermé les yeux sur les détails de sa métaphorisation ; il aura fait ainsi œuvre originale. Cette écriture n'a de but et de justification qu'elle-même. Le mythe, au cours du déploiement scriptural, s'est funestement détruit, soumis à l'alchimie particulière où est mise en question l'intensité du sens du mythe.

Il n'est pas impossible aussi de voir dans ce sonnet, de la part de Ronsard, une parodie du poème mythologique ; l'humour semble diriger les phases et aspects de la métaphore ; Ronsard, par là, aurait vu le côté artificiel et emprunté de ses métaphores qui pourraient toucher au ridicule.

Le sonnet en lui-même est souvent métaphore d'écriture et de l'écriture d'un sonnet particulier. Prenons comme exemple le blason des cheveux constitué par le sonnet 90 (p.56) :

>   (1) Soit que son or se crespe lentement
>   (2) Ou soit qu'il vague en deux glissantes ondes,
>   Qui çà qui là par le sein vagabondes,
>   Et sur le col, nagent follastrement :
>   (3) Ou soit qu'un noud diapré tortement
>   De maints rubiz, et maintes perles rondes,
>   Serre les flotz de ses deux tresses blondes,
>   Je me contente en mon contentement.
> Quel plaisir est-ce, ainçoys quelle merveille
>   (4) Quand ses cheveux troussez dessus l'oreille
>   D'une Venus imitent la façon ?
>   (5) Quand d'un bonet son chef elle adonize,
>   Et qu'on ne sçait (tant bien elle desguise
>   Son chef doubteux) s'elle est fille ou garçon ?

Le genre blason est à la mode indubitablement, mais ce qui sépare le blason traditionnel, fait d'une succession monotone d'épithètes, de métaphores désignant une partie du corps féminin, et celui du sonnet de Ronsard, c'est que celui-ci témoigne d'une divergence hors du sens seul de chevelure pour signifier l'écriture même. Le sonnet tout entier, minime du côté sémantique, c'est-à-dire diverses chevelures, ce qui correspondrait aux énumérations du blason, devient le symbole de l'acte poétique. Les liens syntaxiques ont en eux-mêmes un sens propre à la facture du sonnet ; ils le dirigent, ils le « tissent ». Parallèlement au thème du plaisir que l'on prend à ces diverses présentations de chevelures, il y a le plaisir de les enfermer dans le sonnet, qui est en soi un geste semblable à celui de la formation de tresses et de rubans. La première métaphore de l'or est rendue ambiguë par sa position dans le premier vers et son attribution à la femme anonyme comprise dans le possessif *son* or. Serait-ce forcer un sens possible qui aurait pu intervenir dans les intentions de l'auteur du sonnet, d'y voir l'indication pour le lecteur que le texte est plus *sonore* que porteur d'un sens initial susceptible d'être capté par l'écriture ?

(1) L'or qui se frise lentement pourrait être l'allusion à une écriture qui commence son entrée dans le texte, se référant au travail premier : écriture lente et concertée et tenant de l'artisanat ; l'acte de crêper a prévalu : le comparant or est oublié pour ne garder que son sens de chevelure, susceptible d'être crêpée plus que l'or.

(2) Ecriture qui se meut et s'apparente au mouvement de l'onde, a pris son essor et se meut en toute liberté : le matériau fluide du poétique prêt à être capté par l'acte scriptural — ici parent de la chevelure de la Vénus de Botticelli que l'art épand sur la toile tout en la retenant.

(3) Ces vers soulignent nettement le travail de resserrement et d'« ornement » qui appartient au travail de la chevelure autant qu'à celui du *stilus :* la beauté poétique est révélée par les ornements de rubis et de perles qui « diaprent » le nœud des cheveux, serrant leur flot en deux tresses blondes. Référence à la beauté des vers ainsi qu'à leur consistance, leur faculté de limiter.

(4) Les cheveux troussés sur l'oreille correspondent au plaisir extrême du poète : la dame est transformée en Vénus. L'écriture est vue ici dans ses opérations de changement, de diversité : la poésie est toute-puissante dans ses domaines.

(5) L'ambiguïté qui accompagne souvent l'acte poétique serait métaphorisée par le bonnet dont elle « adonise » sa tête. Tous les stades de la mise en écriture se rassemblent dans l'union et la confusion des sexes. N'y aurait-il pas, révélée ici, une union souhaitée par le poète (qui serait l'Adonis) et de Cassandre ? Le « chef doubteux » est bien l'emblème d'une dualité ambiguë. Le plaisir que donne l'acte poétique — à son auteur avant de l'être pour le lecteur — est exprimé dans ce vers qui est l'aveu d'un plaisir se résorbant en lui-même et s'isolant des fonctions sémantiques : (3) « Je me contente en mon contentement ».

Les chevelures diverses ne sont pas éloignées sémantiquement de l'idée de tissage, de tressage — le sème de fil les unit ; le poète est séduit par ce qu'il y a dans la chevelure de pouvoirs de transformation, toujours dans un but d'ornement ; elle vise à plaire et son acte n'est que jouissance. Le matériau poétique est malléable, associé aux charmes féminins et, par ses ondoiements et resserrements, proche de l'acte sexuel ; celui-ci agit au niveau du désir de l'homme subsistant dans le Ronsard fabricateur et la poésie qui est toute faite de souplesse, d'insinuation, d'accouplement, de fusion.

Les anaphores — *soit que... ou soit que... ou soit que...*—sont bien les signes de la force poétique qui, par la répétition, produit un certain envoûtement. Ces anaphores créent une temporisation qui vise à une solution d'un poids énorme : le plaisir seul devant l'accomplissement du poème. Celui-ci est d'autant plus porté sur sa signification métaphorique d'écriture ne visant qu'à elle-même — en s'emparant du thème facile des diverses chevelures — qu'il se réfère à des textes qui donnaient d'avance au poème un matériau à manier, à transformer : les exégètes relèvent comme sources de ce poème cinq vers de Pétrarque, quatre vers de l'Arioste, quatre vers d'Horace ![6]

Ronsard ne choisit pas dans l'emploi de ses matériaux ; tout emprunt lui est permis ; le banal comme le noble entrent dans son écriture avec la même aisance. Il est pétrarquiste par intermittences — rien de comparable à la fidélité de Scève, autant pour Délie que pour la *Délie*. Rien n'est plus révélateur de son goût de la diversité et du changement que le long poème « A son livre » dans la *Nouvelle Continuation des Amours* (1556), poème de la fin du cycle de Marie. Après une suite de plus de deux cents sonnets idéalisant la déesse Cassandre, voici tout à coup un texte de 200 vers adressé « A son livre » qui, selon la liberté autorisée par une technique s'apparentant à la *prorsa oratio*, s'étend avec complaisance selon les privilèges de la satire. Ronsard demande à son livre de répondre à la « dame honneste et gentille de cœur » qui lui aurait reproché d'avoir abandonné Cassandre, lui disant que Pétrarque était « esveillé d'un trop gentil esprit / Pour estre sot trente ans, abusant sa jeunesse / Et sa Muse, au giron d'une seule maistresse. / Ou bien il jouissoit de sa Laurette, ou bien / Il estoit un grand fat d'aymer sans avoir rien ». Si la femme est rebelle, dit-il encore, « il faut la laisser là, sans se rompre la teste / De vouloir admirer

---

6. Voir édition Weber, p. 543-44.

une si sotte beste » (p. 253). C'est un des gestes de destruction les plus flagrants de la poésie française. Le cas n'est pas unique cependant en ce siècle amateur de changement, de découvertes dans les champs du poétique. Du Bellay avait, avant Ronsard, après avoir pétrarquisé dans *l'Olive* (1549), écrit le poème satirique « Contre les Pétrarquistes » (1556). Jodelle, de son côté, fait suivre ses *Amours* de *Contr'Amours*.

Le fait cependant que Ronsard, après avoir pétrarquisé dans les sonnets pour Cassandre (1552-53), fasse profession d'anti-pétrarquisme trois ans plus tard, est en soi un commentaire de la plus haute signification quant au processus de création dans les *Amours*. « A son livre » est en soi un exemple de désécriture ; cela détruit la foi que l'on aurait pu accorder au « sérieux » des *Amours* pour Cassandre. Ceux-ci pouvaient avoir été écrits à la suite de Pétrarque et dans un même esprit. Il nous a fait croire au caractère sacré de cette œuvre. Mais, après la lecture de « A son livre », comment ne pas douter des intentions profondes de Ronsard ? Tout à coup, il révèle son caractère frivole, non pas seulement du côté de sa vie de prétendu amoureux, mais du côté de son écriture. Voilà qui sape ses fondements et révèle la disponibilité du poète, prêt à tout sujet. Pétrarquisme et anti-pétrarquisme se côtoient et se commentent ; dans son œuvre, ils ont tous les deux droit à l'existence. Ce texte appartient à une toute autre veine. L'esprit critique remplace le lyrisme du cycle de Cassandre. Du style élevé, il tombe, et sans hésitation ni vergogne, dans le style bas.

Ronsard, dans sa production des *Amours*, fait preuve en fin de compte d'un don infaillible d'écriture autoritaire. Si l'œuvre est disparate — tous les niveaux du poétique s'y exposent — c'est que le doute ne vient jamais miner chez lui l'intention primordiale d'écrire à tout prix. En invoquant Platon, il se dit inspiré ; il écrit certes avec élan et une verve assurée, mais il doit se soumettre aux exigences du sonnet qui met un frein à son « inspiration ». Pourtant il semble s'y soumettre avec aisance ; cette discipline est fructueuse et le soutient dans les étapes de sa création. Ronsard se sent possesseur d'un univers qui est une source intarissable. Voici un des gestes les plus positifs de la poésie française, qui ne pourra se comparer qu'à Hugo, peut-être Claudel et, dans son siècle, à son disciple Agrippa d'Aubigné. La force qu'il pousse jusqu'à l'éréthisme lui donne une assurance imperturbable dans les champs du poétique : parfait exemple de santé et d'autorité, de maîtrise et d'exhubérence.

Chapitre III

LA FONTAINE OU LA CLARTÉ APPARENTE

Les *Fables* qui semblent être des exemples de clarté impeccable — conformes à un certain idéal de l'époque — sont pourtant le lieu de rencontre de volontés diverses qui entourent le texte d'une indéniable ambiguïté. Malgré ses apparences de légèreté et de consentement égal du fond et de la forme, on peut distinguer dans le texte des entrecroisements d'intérêts. La Fontaine est partagé entre un but pédagogique et un dessein purement littéraire, un secret désir de fantaisie : d'une part, le pédagogique transmis par la morale ; d'autre part, le poétique agissant selon ses propres codes — asservissement et liberté, devoir et séduction. L'œuvre oscille entre la formulation d'une morale et le plaisir de conter. Même si la morale est liée au récit, elle constitue un hors-texte par rapport à la narration poétique à laquelle La Fontaine accorde le meilleur de l'espace textuel. Enseigner et plaire, voilà le biais par lequel il va concilier ses desseins divers, voilà le but qu'il admet lui-même dans un de ces moments où il regarde son œuvre en spectateur et critique et nous livre ses secrets. Son texte s'enrichit de ces doubles intentions et la morale acquerra par la contamination un statut poétique :

> Une morale nue apporte de l'ennui ;
> Le conte fait passer le précepte avec lui.
> En ces sortes de feinte il faut instruire et plaire
> Et conter pour conter me semble peu d'affaire.[1]

---

1. La Fontaine, *Œuvres complètes*, vol. I, *Fables, Contes et Nouvelles*, éd. René Groos et Jacques Schiffrin, Paris : Bibliothèque de la Pléiade, 1963, p. 132. Toutes les références seront faites d'après cette édition.

La morale agit donc poétiquement dans la fable, bien qu'elle soit alyrique et banale parce qu'insolite, avant ou après le narratif. La morale est un élément de structure de l'œuvre ; elle met le lecteur dans un état d'attente du divers et de l'imprécis. Parfois la morale dépasse la fable en intensité lyrique et se détache nettement du narratif ; elle l'emporte en beauté poétique sur le récit même ; elle devient poème lyrique, moment privilégié dans cette production. La fable s'est libérée d'intentions purement narratives ou pédagogiques :

> Amants, heureux amants, voulez-vous voyager ?
>   Que ce soit aux rives prochaines...
> J'ai quelquefois aimé...
> ...
> Hélas ! quand reviendront de semblables moments ?
> Faut-il que tant d'objets si doux et si charmants
> Me laissent vivre au gré de mon âme inquiète ?
> Ah ! si mon cœur osait encor se renflammer ?
> Ne sentirai-je plus de charme qui m'arrête ?
>   Ai-je passé le temps d'aimer ? (p. 219)

Des brèches se forment dans l'œuvre par des appels aux lecteurs, des apostrophes, des commentaires de son écriture particulière : ces interruptions du texte narratif sont relativement rares, mais elles marquent des moments passagers de désécriture. La Fontaine est mû par un désir de plaire à un public ; il se soucie de l'alerter, de le comprendre dans son entreprise, de pourvoir à ses joies. C'est cette préoccupation du plaisir — ce poète est hédoniste à chaque instant de sa production — qui l'entraîne dans le choix d'une forme simple, qui n'admet pas d'ordre rigoureux, où les rythmes varient sans cesse pour se plier à un sujet particulier. Les marges de l'œuvre sont le lieu de son interrogation. Un dialogue intertextuel figure également comme un commentaire de l'œuvre, écrite à la suite des fabulistes anciens, surtout Esope et Phèdre. Ici, confondu avec le respect du modèle, agit la volonté de le renouveler, de l'augmenter surtout, de le nier donc partiellement, de jouer avec le connu pour y apporter l'inconnu des hasards de la création littéraire. La Fontaine voudra se différencier d'eux tout en les côtoyant. L'auteur leur demande une ligne directrice, un thème nu ou bref qu'il aura le loisir d'amplifier ou de resserrer, de diviser, d'articuler par le dialogue. Il y a sauvegardé sa liberté : le thème étant donné, dessiné, il met toute son activité dans le jeu des rimes, des rythmes, l'usage du dialogue. « La feinte est un pays plein de terres désertes » (p. 72), dit-il. Voici les espaces ouverts à l'auteur, car il part d'un nombre assez limité de modèles, la fable n'étant pas un genre très exploité. Le génie qui l'encourage et le dirige est une garantie d'originalité, l'annonce d'une œuvre autonome qui se manifeste dans la fantaisie, dans les jeux du langage. Il s'affirme par une manière, par le choix des ornements.

Les *Fables* paraissent en plein siècle classique où l'on vise à l'œuvre-masse, dont la tragédie est l'exemple parfait ; texte autonome, fermé sur lui-même. Les écrivains qui optent pour une écriture fragmentée font le choix d'un critique qui se voit écrire et s'examine dans son exercice, envisage les limites de son élan, un arrêt qui lui permet d'être spectateur plus qu'acteur. Il semble que ce soit l'époque de la littérature française où il y ait, à côté des grands textes « achevés » comme la tragédie, la comédie, le plus de textes fragmentés : *Pensées* de Pascal, *Maximes* de La Rochefoucauld, *Caractères* de La Bruyère, *Lettres* de Madame de Sévigné, *Fables* de La Fontaine. L'écrivain qui opte pour le fragment est conscient des limites de ses forces, se voit d'autant mieux écrire, doute de l'usage de son énergie qui serait employée à une élaboration continue, introduit dans la suite écrite des arrêts qui permettent de mesurer l'aller de l'écriture. Mais, par l'intensité du détail, par la forme parfaite de petits morceaux et par leur accumulation, il arrive à une production qui, pour son excellence, peut être mise au même niveau que la tragédie ou la comédie.

La lecture d'une fable ne saurait être intacte : le vers initial du « Corbeau et le renard », par exemple, amorce un plaisir parent de celui qui était annoncé par « La Cigale et la fourmi » et se répète dans la fable de « La grenouille qui se veut faire aussi grosse que le bœuf », et ainsi de suite. Le plaisir du lecteur consiste à retrouver dans chaque petit drame, chaque acte de cette comédie, les membres d'une famille qui représente l'univers. Des souvenirs nous accompagnent de fable en fable, mais augmentés des surprises que provoque la variété de présentation dans chaque fable. Chez les divers protagonistes, il y a les mêmes provocations de dialogue, de semblables procédés de rhétorique, une constante métaphorisation autorisée par l'équation homme-animal.

Le choix qu'a fait La Fontaine des fables est en soi une image : abandon aux séductions du multiple. Douze livres de fables témoignent d'une prise plurielle de l'univers, mais sont aussi l'indication d'un pis-aller — fragments plus que la grande œuvre autonome, qui donne l'idée d'un tout, d'une vaste interprétation. La Fontaine a employé son talent de dramaturge dans les limites du genre qu'il a élu et par là, dans un genre dramatique minime, il a voulu assurer sa propre originalité par rapport aux dramaturges connus. A l'ombre de Corneille, Racine, Molière, en un siècle où règne l'apparat, la pompe de la société, il crée lui aussi une œuvre qui s'accorde à ce dessein théâtral.

Une certaine sémantique — les thèmes de la défaite qui termine une bonne partie des fables, de chute, de mort, de châtiment, qui sont le dénouement agissant comme morale — a été imposé par le choix d'une technique fragmentaire. Chaque morceau du recueil est l'image de l'œuvre sans cesse menacée dans son développement. L'œuvre pouvait se souhaiter alerte, continue ; la voilà dépecée, découverte, exposant ses brèches. Toujours un bouleversement de situation, un refus, une appréhension, une crainte, une humiliation, une punition, une admission de la vanité de toute ambition, un encouragement à se contenter de peu, le pouvoir de se bercer d'illusions : tous ces thèmes rassemblés donnent une image de l'univers vu dans ses menaces et ses déboires.

Mais ces fins, ces morts de fables successives, figurent un recommencement : au fond de cette élaboration de fables, se cache le sens d'un drame qui est le secret de la vie — mort qui est le lot des hommes et le centre de ses réflexions. Ces fins sont inévitables dans toute fable selon le destin de la trame et la nécessité d'un dénouement. Elle s'est vue enserrée dans le carcan des rimes, contemplant sa mort. Les chutes de la fin sont des appels vers d'autres fables qui constitueront une « comédie aux cent actes divers ».

La fable est l'histoire de la fable qui s'écrit : imperturbable, elle exige une intensité et une simplicité de trame ; elle est concertée pour aboutir à une conclusion certaine et se permet peu d'errances. Les fins agissent comme métaphore de l'œuvre qui s'est formée et qui tout à coup s'effondre : le fromage qui tombe, le chêne qui se brise, le pot au lait qui se renverse, l'agneau mangé par le loup et cent autres sont autant de désastres qui ne sont pas accidentels ; ils signifient par leur récurrence, leur accumulation. Tant de fautes sont punies, tant de méchants sont condamnés, mais toujours sous le signe d'un sourire, celui qui vient d'une écriture qui se déploie, quel qu'en soit le sujet, avec la plus belle grâce du monde. Un des charmes de La Fontaine provient sans doute de cette contradiction qui lui est inhérente et qui en forme le nœud central : thème dramatique et forme gracieuse — leçon de morale et leçon de poésie.

La Fontaine, s'exerçant dans chaque fable, comme en une série d'essais — comparables aux « pesées » de Montaigne — apprend le jeu possible entre elles, leurs rapports, leurs intentions de renouvellement, donc de surprise. Chaque fable est orchestrée selon les lois d'un certain hasard en même temps que par les constantes qui sont au fond de tout effort scriptural. La temporisation est ce qui sous-tend le texte dans sa formation, agissant aussi selon la succession des fables, reconnaissance d'une uniformité primordiale qui constitue l'univers et les mille variétés qui se greffent sur ce fond.

Divers degrés de perfection déterminent notre optique ; les inégalités mêmes — les fables moins réussies — agissent sur notre perception du poétique comme images ; mimésis de l'irrégularité qui est au cœur même de la création. Dans la vision du poète, tous les êtres sont égaux et jouent dans le concert de l'univers : cigale et fourmi, corbeau et renard, loup et agneau. Ce n'est que dans les desseins moralisants du poète que des valeurs diverses s'établissent. Les bons et les méchants, appartenant au monde d'analyse morale du fabuliste, sont nivelés par les vertus du langage. Un désir d'unification dans le monde animal correspond au désir de symétrie, d'harmonie, qui guide le poète et qui serait la métaphore de l'ordre suprême du monde où règne l'égalité. Les accepter au même niveau, c'est les considérer comme participant au monde qui s'écrit.

La pratique des fables a appris à La Fontaine à être charmé par l'œuvre qui se dénouait lentement sous ses yeux. L'œuvre s'est engendrée de ses propres ingrédients. Le créateur de fables est toujours en train de produire un texte temporaire, qui en souhaite un autre, les fables que le hasard lui propose. Le lecteur lui-même est dans un état de dispersion. L'amateur de trame se voit leurré à chaque étape par la soudaineté du dénouement. Lecture en suspens, attente informulée, plaisir anticipé de la variété.

Toute lecture des fables est contaminée ; c'est souvent une relecture qui se souvient d'un passé d'interprétations et d'habitudes. On ne peut guère imaginer le code d'une lecture non-préméditée, d'une fable telle que « La Cigale et la fourmi » par exemple. Une approche ingénue est contestée d'abord par le fait qu'on la sait par cœur dès l'enfance, qu'on l'a récitée, entendue, parodiée, au point de la considérer comme une acquisition d'une culture élémentaire. Chaque vers est chargé d'un lourd passé d'école, de famille. C'est compromettre son sort au niveau d'une nouvelle lecture. Si l'on réussit à se débarrasser de ce passé de lecture et d'interprétation, on se trouve devant une admirable clarté de contours, une approche légère, la beauté de la rhétorique, qui provoquent notre admiration et proviennent d'un nouvel examen critique.

Le poète pouvait souhaiter ne pas être un moraliste insistant, détenteur d'une vérité, désirant garder aux fables les privilèges de la feinte et du charme. Il pouvait penser aux maximes comme à l'équivalent des « crotesques » entourant le tableau parfait, dont parle Montaigne au début de l'essai « De l'amitié » (I, xxviii, p. 183). L'acte scriptural est, dans ces terrains oscillants, une lutte entre le pur et l'impur. La maxime, la morale, sont, dans l'optique du siècle, des valeurs véritables, mais qui, par là même, présentent un dogmatisme contraire aux habitudes de cet amateur de souplesse et de suggestions plus que d'une expression rigide. La clarté des *Fables* est un leurre, car elles s'accompagnent de certaines ombres.

Le fond métaphorique (hommes/animaux) double le sens exposé. La Fontaine, par un concours de circonstances — que les biographes pourraient sans doute expliquer partiellement — a été poussé à choisir une forme hybride, car fondée sur une nécessité de dialogue visible à tous les niveaux : animaux/hommes ; narration/morale ; sérieux/ludique ; lyrique/pédagogique. La Fontaine est animé d'un désir de plaire dans l'immédiat, mais songeant à un au-delà vaguement prévu et certainement souhaité par l'écrivain conscient, dont le souci de perfection est une préparation à la garantie d'une survie. L'idée de mettre ces diverses forces en équilibre active le texte, dont l'interrogation est latente et en même temps consciemment admise.

Le choix des animaux comme personnages est d'un poète conscient, dès le début de son entreprise, des vertus poétiques de cette vaste métaphorisation : homme/animal. La Fontaine a pu partir d'intentions pédagogiques : « Je me sers des animaux pour instruire les hommes » (p. 29). Il a pu voir dans l'adoption des animaux comme modèles le moyen de satisfaire un impérieux désir de poésie. Dans les vastes espaces de la métaphorisation s'insère ce dialogue : comment faire fonctionner ces animaux et les faire parler sans aller trop loin dans la voie de l'humanisation. Une poésie opère qui vérifie les dosages du probable. Après la fable « La souris et le chat-huant », La Fontaine écrit :

> Ceci n'est point une fable, et la chose, quoique merveilleuse et presque incroyable, est véritablement arrivée J'ai peut-être porté trop loin la prévoyance de ce hibou : car je ne prétends pas établir dans les bêtes un

progrès de raisonnement tel que celui-ci : mais ces exagérations sont permises à la poésie, surtout dans la manière d'écrire dont je me sers. (p. 276)

Il établit ainsi les fondements d'une poétique échappant à la ligne stricte du sens et de la raison — terrains privilégiés de la feinte, d'un délire dompté. Il s'agit pour le poète de se rendre compte de ses modes de travail, de sa conscience de fabricateur, non pas ce que l'extase pourrait comporter d'incontrôlé et d'irraisonnable, mais plutôt la critique qui domine l'effervescence.

Du fait que les animaux ont la parole et qu'ils parlent donc dans un langage emprunté, il est inévitable que La Fontaine attribue à ses animaux, porteurs de son langage, des dons de parodie, celle du langage des hommes. Des dimensions se sont ajoutées aux possibilités thématiques d'un infini que le poète pressent dans les voix diverses de l'univers qui ne sont que celles qu'il entend en lui :

> ... jusqu'ici d'un langage nouveau,
> J'ai fait parler le loup et répondre l'agneau.
> J'ai passé plus avant ; les arbres et les plantes
> Sont devenus chez moi créatures parlantes. (p. 51)

La Fontaine voit consciemment les privilèges d'un langage nouveau, celui qu'il attribue aux animaux, mais qu'il ne capte pas lui-même ; langage mystérieux qui est un monde de poésie inaccessible à l'homme. Il ira jusqu'à attribuer aux animaux un langage supérieur à celui qu'il leur donne. Un autre dédoublement — qui tient du métalangage — intervient donc. Il y a un langage des animaux qu'il dit exister en soi, plus pur qu'il ne pourra jamais l'être dans la transcription du poète. Il se fait passer pour traducteur, donc secondaire dans la hiérarchie des locuteurs. Mais pour que la Nature avec laquelle il rivalise entre dans le tissu des *Fables*, il faut l'intervention du langage de la poésie, le « langage des dieux » :

> C'est ainsi que ma muse, aux bords d'une onde pure,
>   Traduisait en langage des dieux
>   Tout ce que disent sous les cieux
> Tant d'êtres empruntant la voix de la nature. (p. 277)

Une confiance en l'excellence de la nature, primordiale dans la vision du poète, est appliquée à des voix mystérieuses, infinies :

> Plus éloquents chez eux qu'ils ne sont dans mes vers. (p. 277)

La Fontaine se souvient-il du Montaigne de l'*Apologie de Raymond Sebond* ? Les langages des animaux sont une fiction poétique, partant d'une impossibilité, irréels par rapport au narratif immédiat :

> Maître Renard...
>   Lui tint *à peu près* ce langage... (p. 32)

Voilà qui marque l'intrusion de l'auteur, commentaire sur les limites de la transcription des voix des animaux. Tous les degrés du langage sont brouillés : comment transcrire ce qui n'appartient pas au domaine de la transcription ? Et pourtant, le texte se produit, s'avance, ludique plus que logique.

Plusieurs degrés de mimésis se manifestent dans les fables. Elles se situent ainsi positivement dans l'univers qu'elles représentent et dépeignent. A côté de la mimésis habituelle, élémentaire, par les rythmes, les jeux allitérés et assonancés qui ne sont souvent que des onomatopées, il existe une mimésis du sens fondamental de la fable ; la matière même, la facture de la fable, produit le sens, rivalise avec les privilèges sémantiques du sujet ; une certaine signification est transmise plus par les tours du style que par des indications précises. Le sens aussi dicte le choix d'une certaine forme et la forme, se déployant dans les champs souples du poème, provoque un sens. Ce qui est lourdeur ou légèreté chez les animaux, honnêteté ou ruse, astuce ou stupidité, agit sur la forme.

***

La première fable du recueil impose ou suggère un mode de lecture qui est jeu, entrée hardie dans les champs du narratif, tremplin à dialogue. Situons la fable « La Cigale et la fourmi » (p. 31) dans sa position significative au début du recueil, sans doute élue par le poète comme texte-clé, comme amorce de son aventure scripturale. C'est une allusion ludique lancée ouvertement dans le terrain à venir. Les rythmes irréguliers (impairs) confèrent immédiatement au texte un sens de légèreté et de souplesse :

> La cigale, ayant chanté
> Tout l'été

La Fontaine séduit le lecteur par un début éclatant : la gratuité du chant de la cigale est adoptée comme symbole du poète ; en cette aube de l'œuvre, le ton est indicateur de toutes les fables, désignées comme des chants. Ce qu'il retient de la cigale, c'est la voix, annonçant celle, articulée du poète. N'est-ce pas, dès le commencement, compromettre le statut pédagogique de l'œuvre, qui propose des morales ? Ce qui compte, c'est le récit et toutes les images qu'il engendre.

Le rythme impair est mimétique : le sens est frôlé, avance selon le code de la temporisation ; la danse que la fourmi propose ironiquement à la fin de la fable, est préparée dans le rythme impair, irrégularité qui est déplacement de gestes. Le chant et la danse restent, même s'ils ont des valeurs dénigrantes selon la fourmi, la seule réalité émanant de cette petite fable. Le drame s'annonce dans les deux vers suivants, dans des rythmes alourdis selon le changement de ton, les deux premiers vers créant un suspens qui se résoud dans les vers 3 et 4 :

> Se trouva fort dépourvue
> Quand la bise fut venue.

Les changements de syntaxe et de tonalité articulent les charnières du texte. Des libertés grammaticales — suppression du verbe — se chargent de sens ; la famine invite un manque grammatical :

> Pas un seul petit morceau
> De mouche ou de vermisseau.

Ceci annonce, par constraste, le récit qui, pour se promouvoir, exige les mouvements des enjambements :

> La priant de lui prêter
> Quelque grain pour subsister
> Jusqu'à la saison nouvelle.

C'est dans le langage que se matérialise la métaphore homme/animal qui soutient le texte. Le discours entre dans l'irréel quand la cigale se réfère au langage du réel : « je vous paierai ». C'est là un des charmants pièges des fables : l'insolite compris dans le langage des animaux qu'ils emploient au niveau du quotidien, du social, de l'humain. Mais c'est précisément quand elle fait des promesses de paiement qu'elle se situe dans la catégorie des personnages endettés qui semblent être, chez des écrivains tels que Villon, Marot, Rabelais, la métaphore du poète vu dans un état asocial, amoral, personnage disponible à l'acte poétique seul. L'impossibilité de la promesse est ironiquement accentuée par la précision — « avant l'août » — mais compromis, détruit, par le ludique « foi d'animal ». Les promesses s'emportent d'elles-mêmes, intruses dans le monde commercial, qui est absorbé par le mythe. Plus le discours de la cigale se place dans la précision arithmétique, mercantile, plus elle le détruit par ses serments, marqués d'avance de fragilité, de nullité. La voix de la cigale est la voix du non-sens, inadaptée au vrai. Plus qu'un moyen de raisonner, elle est un cri de la nature que l'été échauffe et enchante.

Toute la fable, par sa minceur, est signifiante, mimésis des deux insectes évoqués dans leurs caractéristiques : maigreur, insouciance de la cigale qui signifie un vide, une vacuité admise, et l'étroitesse de la fourmi qui est une autre manière de vide. La Fontaine ne veut-il pas signifier que les plus minimes matériaux suffisent à l'élaboration du poème ? Peu importe le sujet pourvu que le chant ait toute prérogative.

La simplicité de la fable est un point de départ d'interprétations libres et diverses, un jeu qui, tout en servant le sémantique, le sape, car la fable se joue du sens plus qu'elle ne le transmet. Jean-Henri Fabre fera remarquer l'irrévérence des propos non-scientifiques de La Fontaine : la cigale meurt avant la fin de l'été, elle ne mange ni grain ni vermisseau, etc.[2] La fable pourtant s'arroge un certain droit à l'errance, aux jeux qui faussent les faits de l'expérience. Le mythe créé par La Fontaine l'emporte sur le vrai ; il l'entoure d'une protection poétique.

Le véritable sens de la fable est la constatation du statut musical, validité du chant par rapport au pratique, à la valorisation du travail. L'hiver n'est pas, dans l'optique de La Fontaine, la « saison de l'art serein », mais la saison qui annonce la fin du chant, qui n'a plus, pour l'éveiller, les effluves de l'été propices au chant. La fourmi, elle, a prévu cette saison car elle n'a que le sens du réel, ennemi de poésie.

Si l'on place la fable au niveau de l'interprétation nettement scripturale, la cigale et la fourmi ne pouvaient-elles pas figurer deux temps de l'écriture, deux modes ? Le poète n'est-il pas, par le caractère irréel de la poésie, proche de la cigale, et, par son travail, son industrie, sa prévoyance dans l'agencement des jeux verbaux, parent de la fourmi ? Poésie qui est chant et fabrication. L'écriture se débat indubitablement sur ces terrains de dialogue ; elle s'engendre d'une lutte. La fable, lumineuse, dépouillée, stricte, parfaitement mesurée, témoigne d'un travail particulièrement ardu et épuré, proche de l'angoisse qui préside à l'élaboration de toute

---

2. Voir les pages qu'il a consacrées à « La Cigale et la fourmi » dans ses *Souvenirs entomologiques*, Paris : Librairie Delagrave, 1914-24, V^e série, chapitre XIII.

œuvre d'une plus grande étendue. Par le travail, il est l'indispensable compagnon de la chanteuse : la fourmi prévoit son éternité immédiate, l'hiver, où elle jouira des résultats de son travail ; le poète travaillant à son œuvre, à laquelle il doit vouloir souhaiter un long avenir. L'hiver de la fourmi est le chemin préparatoire de la gloire du poète. Celui-ci ne tire aucune conclusion de la fable pour donner raison à la fourmi ni tort à la cigale. Un sens est effleuré, mais non accusé, et c'est cette absence de morale explicite qui fait de cette première fable un poème-clé, avouant son désir de liberté et l'intention de laisser au poétique le privilège de signifier.

Le sens de la fable « La grenouille qui veut se faire aussi grosse que le bœuf » (p. 32-33) se lit déjà dans le titre chargé d'ironie, un des plus longs de toutes les fables pour l'une des plus courtes. Une métaphore s'y cache ; le thème des proportions s'y dessine. Phonétiquement, c'est la grenouille qui est la plus grosse, s'étalant dans le premier vers avec complaisance, comme pour conjurer son sort, pourtant comique par les *e* muets qui retardent son mouvement et figurent comme des entraves, contrastant avec les trois monosyllabes de la fin, le bœuf étant relégué au bout du vers comme si, par la folle volonté de l'ambitieuse grenouille, il en était réduit à de minimes proportions pour rendre possible la métamorphose souhaitée, le bref passé simple — « Une grenouille vit un bœuf » — traduisant l'immédiateté de son désir (et peut-être sa futilité), la volonté d'oublier les obstacles, d'annihiler des idées de défaite :

> Elle, qui n'était pas grosse en tout comme un œuf

La Fontaine est entraîné dans le piège ludique de la phrase : le texte tissera le thème des grandeurs illusoires, impossibles, les efforts que l'on peut vouloir faire pour être un autre. La charnière dynamique du poème se trouve dans un vers dont les allitérations sont accumulées, aussi laborieuses que les efforts de la grenouille, et agissent comme image de l'écriture vue dans son dessein de progression, d'augmentation. La fable *est* ce qui veut grossir, se hausser au statut du texte, comme tout poème qui vise, partant de rien, à devenir tout :

> Envieuse, s'étend, et s'enfle, et se travaille

Les espaces scripturaux sont le lieu d'un jeu démentiel : plus la grenouille essaie de grossir, plus son discours diminue, l'effort physique absorbant son énergie de plus en plus, car la mimésis opère aussi dans les rapports du texte avec la fiction. Le discours en effet se rétrécit comme l'image même de la grenouille qui, au lieu de grandir, va au-devant de sa diminution totale. Le texte se charge de garder à la grenouille sa petitesse, au moment où elle croit égaler le bœuf. Par contre, toujours selon les lois d'une mimésis ludique, les réponses de sa « sœur » s'allongent de plus en plus, car elles sont négatives, donc porteuses de condamnation, celle qui se réalise dans le dénouement et les questions de la grenouille qui se raccourcissent au cours du dialogue :

> ... « Regardez bien, ma sœur.
> Est-ce assez ? dites-moi. N'y suis-je point encore ?
> — Nenni. — M'y voici donc ?—Point du tout — M'y voilà ?
> — Vous n'en approchez point. »

Pour terminer ce débat de proportions renversées, le narratif vient clore le dialogue futile. L'enjambement marque alors la brisure figurant la mort tout en l'annonçant. Cette brièveté du récit, accélérée par les passés simples, contient en elle-même une morale ; l'ambition conduit à une inévitable et rapide mort :

> ... La chétive pécore
> S'enfla si bien qu'elle creva.

La mimésis opère également dans la forme ramassée du poème qui est en soi une leçon, très brève — d'ailleurs à l'exemple de la fable de Phèdre qui est le modèle de celle-ci — ne s'arrogeant aucun espace inutile, en cela plus sage que son sujet.[3] Même si la grenouille dépasse les bornes de ses possibilités, le poème reste limité. La grandeur que souhaite le personnage lui a été refusée. Par sa densité extrême, la fable apparaît paradoxalement comme une des plus considérables. N'oublions pas qu'elle se trouve au début de ce recueil (fable III) : image de ses débuts, au commencement de sa longue entreprise, image de ses douteuses promesses ; chaque fable sera un autre effort pour aboutir à l'« œuvre ».

Cette fable de six vers seulement est suivie de quatre vers de

---

3. La Fontaine trouvait déjà chez Phèdre qu'il imite, un exemple de forme compassée. Les deux fables sont de grandeur égale. Elles diffèrent essentiellement par le manque de dialogue chez Phèdre, où les questions de la grenouille sont exprimées dans le discours indirect : « Interrogavit, an Bove esset latior./ Illi negarunt, etc. » De plus, la morale est indiquée d'avance au premier vers : « Inops potentem dum vult imitari, perit », ce qui annihile le suspens, ainsi que le titre dans lequel est formulé le dénouement : « Rana *rupta* et Bos », dévoilant le drame de la fin : « rupto jacuit corpore ».

morale, relativement longue par rapport au texte minime. Ne serait-ce pas pour continuer ce jeu de proportions renversées ? La morale semble être une nécessité scripturale ; la petite fable demande, pour la soutenir, un piédestal, inégal d'ailleurs, allant en s'amincissant (à l'image de la grenouille !), puisqu'il est formé de deux alexandrins suivis d'un décasyllabe et enfin d'un octosyllabe.[4]

> Le monde est plein de gens qui ne sont pas plus sages ;
> Tout bourgeois veut bâtir comme les grands seigneurs,
> Tout petit prince a ses ambassadeurs,
> Tout marquis veut avoir des pages. (p. 33)

Le détail des exemples augmente le texte ; il crée à la grenouille un vaste entourage. Il faut qu'un sens s'en dégage et se propage, et que la leçon comprenne, dans une triple comparaison, tous ceux qui ne sont « pas plus sages » et qui, au couple hypothétique grenouille-bœuf, ajoutent un monde immense d'ambitieux ; la fable a voulu se faire aussi grosse que l'univers dans un jeu final de proportions malléables.

Ces moyens rhétoriques mis en œuvre, ces pouvoirs de la mimésis autorisent le lecteur à lire ici autre chose qu'un récit, mais bien plutôt la fable de l'écriture fondée sur une nécessité d'augmenter (auteur = augmentateur) ses dangers possibles dans ses expressions hasardeuses. Qu'est-ce en effet que le poète si ce n'est celui qui veut imiter, se faire aussi gros que son objet, se hausser à des altitudes qui le dépassent et qui pourraient le détruire dans des échecs imprévus ? Qui, si ce n'est le poète, veut à tout prix devenir un autre ? Les laborieuses allitérations — « Envieuse, s'étend, et s'enfle, et se travaille » — figurent sans difficulté le procédé de l'écriture, le *stilus* dans ses incessants efforts, ses chutes et ses rechutes. La mimésis a donc agi à deux niveaux d'égale importance ; sans le dire — certes sans le vouloir — le thème est devenu celui du processus à l'œuvre dans la fable même qui s'écrit. La grenouille crève à la fin ; c'est que le texte aussi avec elle éclate après s'être étendu autant qu'il lui était possible. La chute de la fable est pourtant sa victoire. Si la grenouille-œuf se casse, c'est pour livrer au fabuliste lui-même une leçon de modération ; que le poète rivalise avec l'univers mais au risque de subir une défaite. La sagesse de

---

4. Rousseau, lui, a critiqué la morale dans cette fable : « Qu'avait-il besoin, ce grand peintre, d'écrire des noms au-dessous des objets qu'il peint ? » (*Emile*, Livre IV).

La Fontaine l'a poussé à faire sur ce sujet un tout petit poème, alors que les poètes moins conscients de leur art et sans son goût de la litote, l'auraient allongé. Les thèmes de chute, de mort, de châtiment, à la fin des fables, sont des ingrédients nécessaires pour justifier la fable dans son mouvement qui va immanquablement vers un dénouement, vers sa mort, pour que puissent renaître d'autres fables.

Si la grenouille donc, en enflant démesurément, creva, ce n'est pas seulement selon son destin sémantique, mais parce qu'elle avait atteint son destin scriptural. Il s'agit autant de la fable qui s'écrit que de l'histoire de la grenouille qui s'enfle. Le dialogue précipité, articulé par des références rapprochées plus ou moins de l'acte d'écrire, situe la fable au niveau d'un impossible que le langage voudrait rendre réel et faisable. Mais aussi sens de la défaite, préparé et annoncé par la parcimonie des propos débités. La grenouille ne vit que l'espace d'un bref discours ; elle enfle le dialogue et ce sont ses paroles qui seront responsables de sa fin tragique et étonnamment rapide, parce que le dialogue surtout était producteur d'action ; il était trame et cessait avec elle.

Dans « Le chêne et le roseau » (p. 50), tous les éléments nécessaires à la trame ont été resserrés dans un dialogue aux proportions inégales : l'espace immense réservé au discours du chêne est exalté d'autant plus qu'il sera destiné à être détruit. Avec le chêne, ce sera la rhétorique qui sera supprimée ; trop de force avait été confiée aux mots et à l'extension de leurs territoires :

> Cependant que mon front, au Caucase pareil,
> Non content d'arrêter les rayons du soleil,
>   Brave l'effort de la tempête,
> Tout vous est aquilon, tout me semble zéphyr.

L'univers est ainsi reflété par le chêne ; il s'en croit le maître. Ici réapparaît ce qui est au fond de la quête de La Fontaine : s'approprier par le langage ce qui est du domaine de la nature, mais selon toutes les aspérités et les hasards inhérents à la création poétique : approximations, oscillations. La variété syntaxique et argumentative est par elle-même productrice de proportions immenses :

1. Vous...
2. Un roitelet pour vous ...
3. Le moindre vent ...
4. Cependant que mon front ...
5. Tout vous est ...
6. Encor si vous

7. Mais vous naissez ...
8. La nature envers vous.

Le discours du chêne comme celui du roseau sont des leçons de styles opposés : l'écriture ostentatoire que proclame le chêne est sûre de ses moyens, mais par ses exagérations et ses contrastes, elle pourrait être condamnée par le code classique — le chêne baroque, barbare, ignorant les bienséances d'une stylistique modérée ; le roseau, symbole d'une écriture serrée, contrôlée, proche, par sa teneur, du sens, maîtresse de litote : « je plie et ne romps pas » pouvant très bien passer pour une formule d'écriture, se soumettant à son sujet sans l'élargir, le faussant par les gestes d'une rhétorique forcée. Le style plie ; il est exemple de souplesse, de soumission au sujet, acceptation de son sens. Il maintient un équilibre entre signifié et signifiant, alors que l'autre — le style du chêne — s'est confié aux apprêts et appâts du langage pour signifier. Une leçon de style est donnée par le roseau : rester dans les limites de ses biens et moyens, que le texte ne veuille pas se vouloir immense, contradictoire, oubliant son objet.

Tout vise, dans ce texte, à une réponse antithétique. Dans les intentions du roseau, qui sont vraiment celles de l'auteur, il y a un souci de resserrement : ne dire que ce qui peut se rapprocher de la vérité de l'instant et d'un raisonnement mesuré. C'est donc La Fontaine qui agit au fond de ce débat, oscillant entre une brillante rhétorique et la volonté d'un langage plus humble, qui se rapproche d'une certaine adéquation des mots aux choses. Mais les deux discours sont, au niveau de la production du texte, égaux. La fable « Le chêne et le roseau » étant la favorite, prétend-on, de La Fontaine, est-ce qu'il pouvait s'y sentir particulièrement présent comme poète et commmentateur de son art ? Le contraste, d'où provient l'essentiel du poème, est accusé par les jeux de la parole.

Le langage du roseau agit en tant que destructeur : « Mais attendons la fin » situe le discours à un niveau d'abolition de la rhétorique. L'événement qui se prépare, nié par le chêne, armé de sa puissante foi en lui-même, donc de ses paroles, est prédit, prévu, dans des phrases qui se sont refusé tout ornement. Le sens du poème, fondé sur des disproportions de forme et de force, s'est manifesté par les proportions contrastées du discours : celui du chêne s'étale, selon les lois de la mimésis agissant au niveau sémantique et stylistique en même temps ; dans son immensité, le chêne ouvre ses branches dans des phrases qui dessinent sa puissance, renforcées par des comparaisons portant sur les privilèges de sa grandeur : le roitelet pesant fardeau pour le roseau, le vent aquilon pour le roseau et zéphyr pour le chêne, et aussi par des maximes qui assurent l'autorité du raisonnement :

> La nature envers vous me semble bien injuste.

C'est l'irréel dans le discours du chêne qui provoque sa chute et sape ses fondements ; la rhétorique aura trop osé et se sera arrogé l'espace physique dans lequel il finira par s'effondrer et dans l'espace scriptural qui en est l'image reproductrice.

« Le chêne, un jour, dit au roseau » : l'insertion « un jour » coupant le narratif, bien que contribuant à son sens, est déjà annonciatrice de malheur. Le chêne, syntaxiquement et quant à tout le poème, est à l'honneur, premier dans une position dynamique et glorieuse ; le roseau, par contre, est relégué à la fin du vers. Le gigantesque reparaît dans le narratif, fonctionnant comme parodie de la rhétorique du chêne qui est le Cicéron de la fable. L'inversion et la temporisation qu'elle entraîne, aboutissent au superlatif provenant du thème de l'outrecuidance du chêne ; il faut un vent à sa mesure et qui ait l'immensité de sa prétention :

> Du bout de l'horizon accourt avec furie
>   Le plus terrrible des enfants
> Que le Nord eût porté jusque-là dans ses flancs.

Le discours modeste du roseau nous apprendra que les mots ne sont pas considérés comme des assurances de supériorité ou de victoire. Il s'accorde un espace minime de cinq vers et demi. Cette brisure est lourde de sens ; l'action vengeresse se dessine dans le deuxième hémistiche où il s'agit d'un brusque renversement de la parole par les faits. « Comme il disait ces mots... » suivi immédiatement, dans le même vers, de l'arrivée du vent, par lequel le discours du chêne — avec l'arbre lui-même — sera fracassé. Le plaisir du lecteur est provoqué sans doute par ce double sens : chute de l'arbre, chute du discours. En lui est punie la présomption langagière qui, cependant, a fourni à La Fontaine ses propres discours ; des deux côtés, exercices de style.

***

Quand on parle de La Fontaine, on songe et se réfère à un choix de fables, à des morceaux d'anthologie. C'est ce que nous avons fait dans notre brève étude.[5] On se fait ainsi une idée de la poétique de La Fontaine qui est différente de celle que l'on se ferait si l'on considérait les fables complètes. Les fables choisies sont des exemples parfaits de textes « écrits », mais le texte qui les contient devient de plus en plus ouvert, les fables étant précédées d'avertissements, de dédicaces élogieuses, de discours, de morales développées, dont le style diffère considérablement de celui des fables ; La Fontaine s'y exprime selon la tradition du temps, en un style qui est loin d'avoir le charme, la densité, la « poésie » des *Fables*, sauf peut-être le « Discours à Madame de la Sablière » du livre IX et la fin de la fable IV du livre XI où La Fontaine fait l'éloge de la « retraite » : «Solitude où je trouve une douceur secrète...» (p. 268). Par ces intrusions dans le texte « pur » des fables, se présentent des menaces de déécriture. C'est surtout le livre XII, écrit quinze ans après le livre XI (1693), donc œuvre de vieillesse, qui contient plusieurs dédicaces, entre autres à Monseigneur le duc de Bourgogne, où il avoue que son esprit « diminue », et d'assez nombreuses « imitations » de Théocrite, d'Ovide, de Machiavel qui, par leur longueur et leur style « anonyme », figurent à nos yeux la destruction d'un texte parfait de fables. Par le Livre XII, le texte se dénoue, rompt la continuité séduisante des autres livres, où, à part quelques interruptions, les fables, prises séparément, restent des témoignages d'une œuvre autonome pure.

---

5. Voir aussi le chapitre sur La Fontaine dans mon *Poème-symbole*.

Chapitre IV

VERLAINE OU LA CHANSON SANS PAROLES

> *Significatif silence, qui n'est pas moins beau de composer que les vers.* (Mallarmé)

Chez Verlaine, les défaillances du sens ont une valeur active dans l'engendrement du poème : dislocation volontaire du discours.[1] Le texte est déposé sur des strates mouvantes où le sens chavire, improbable, invérifiable, menacé à chaque instant de se dissoudre. Il est désécrit pour s'écrire, se situe dans un milieu vacillant de bouleversement, se formant de l'hésitation entre un sens net et une brisure de ce sens.[2]

La plus fine ténuité s'inscrit dans le titre et le sous-titre : *Chansons sans paroles — Ariettes oubliées*. Les mots dans ces

---

1. La plupart de mes remarques s'appliqueront aux *Chansons sans paroles*, surtout *Ariettes oubliées*, et quelques autres poèmes (entre autres des *Fêtes galantes*) qui nous paraissent constituer le Verlaine essentiel, en tout cas celui que nous défendons sans réserve. Une très grande partie de l'œuvre — comme *Sagesse* par exemple — appartient à une autre manière que nous trouvons moins originale et séduisante, et qui n'entrera pas dans notre propos. A part ce Verlaine « essentiel », nous traitons à la fin de poèmes parodiques qui sont en eux-mêmes des destructions du poétique. Je cite ici d'après l'édition de Jacques Robichez, *Œuvres poétiques* Paris : Garnier, 1995.

2. Claudel, parlant de « Ecoutez la chanson bien douce...», écrivait (*Œuvres de prose*, Paris : Bibliothèque de la Pléiade, 1965, p. 505) : « Avec Verlaine se trouve illustrée la pensée du sage chinois : 'Les beaux vers...ne sont pas formés par des syllabes, ils sont animés par une mesure. Ce n'est pas un nombre logique druement découpé, c'est une haleine, c'est une respiration de l'esprit ; il n'y a pas de césure, il n'y a qu'une ondulation, une série de gonflements et de détentes.'»

poèmes sont censés signifier musicalement ; ils ont comme seul support des vocables à demi-sens. Les négations, les diminutions se juxtaposent, disant le minime, le frêle, avec, à chaque instant, l'intention d'effacer le texte, dont il ne reste que des traces de désintégration. Le vieux, le vieilli, caractérisent (on dirait une certaine décadence voulue) une esthétique fuyante, se situant hors d'un présent qui serait lieu d'action et de prise positive de la conscience. Verlaine se plaît à un fané temporel, à l'effrité, aux contours amollis.

Ariette 1 manifeste une velléité — on ne pourrait pas dire un effort — de traduction subtile (*sub tela*, sous la toile) qui capte les reflets de l'âme, mais prononcés à peine. Comme pour les Pyrrhoniens, une nouvelle langue devrait être inventée pour éviter les affirmations telles que « je doute »[3]. Verlaine fait trembler la syntaxe pour que le sens dévie. D'une nature de décor, artificielle, support de ses propres voix, ne viennent que des effluves sonores. L'imprécis se pose en thème ; l'articulation du poème contradictoire se fait par bribes. Personne avant Verlaine n'avait tant allégé la langue et le vers, n'avait si paradoxalement visé à la transmission, par les mots, du mystérieux et de l'estompé. Ne parlons pas de schèmes ascendants, de progression, mais plutôt de reprises de sens éparpillés, d'éléments thématiques dont le mouvement est sans cesse interrompu. Suggestions discrètes des contours du silence pour en donner l'idée, pour en insinuer le lieu.[4] Les équivalences métaphoriques qu'il en donne s'annulent les unes les autres ; vagues tentatives dans la voie de l'identification de l'indentifiable. Le poète est à l'affût du quasi-inexistant, proche d'un murmure :

> Cela gazouille et susurre,
> *Cela ressemble* au cri doux
> Que l'herbe agitée expire...
> *Tu dirais*, sous l'eau qui vire,
> Le roulis sourd des cailloux. (p. 147)

Le poète se reflète ainsi en lui-même ; cette « plainte dor-

---

3. La critique elle aussi pourrait souhaiter un langage nouveau pour rendre compte de cette poésie qui tend à s'effacer tout en s'écrivant.

4. Jean-Pierre Richard (*Poésie et profondeur*, Paris : Seuil, 1995, p. 168) trouve que cette propension à l'imprécis introduit une certaine instabilité dans la cohésion affective du poème : «...dans la masse de la sensation vague, la puissance corrosive de la dissonance ou de l'impair creuse des fêlures, crée des plans de déséquilibre, qui, sans renvoyer à l'évocation d'aucune réalité précise, rompent pourtant d'une certaine manière la cohésion harmonique du sentir ».

mante » flotte dans un demi-sommeil musical qui est sa partielle disparition. Le doute n'est pas résolu dans le « n'est-ce pas ? » qui, dans l'alchimie verlainienne, a un sens inverse de la conversation ou de la conférence, où il est un appel à l'assentiment de l'auditeur. Ici, il ne fait que troubler la véracité de la présence :

> Cette âme qui se lamente
> En cette plainte dormante,
> C'est la nôtre, n'est-ce pas ?
> La mienne, dis, et la tienne,
> Dont s'exhale l'humble antienne
> Par ce tiède soir, tout bas ? (p. 147)

Le pronom démonstratif qui, ordinairement, désigne, est pour Verlaine l'occasion de se détacher de l'objet. Cet emploi du pronom est l'aveu d'une poétique : non pas le nom, mais pour le nom, abolition de références directes. Le poète ne se réfère qu'à des aspects de sa vie affective, des approximations de sensations. Il se situe dans un paysage qui répète son âme, dans une nature factice de fêtes galantes, son milieu d'élection pour un chant qui se veut anonyme :

> C'est l'extase langoureuse,
> C'est la fatigue amoureuse... (p. 147)

Les démonstratifs qui se succèdent en anaphores — dans le premier poème des *Ariettes oubliées* — sont, par leur manque de variations dans leur exposition, les faibles constituants de l'armature du poème ; ils sont en même temps un aveu de défaite de la désignation, tremplin de la négation qui aboutit à la question nulle — « n'est-ce pas ? » On oscille selon un débat entre être et n'être pas :

> C'est...
> C'est...
> C'est...
> C'est...
> Cela...
> Cela...
> (Cette âme) c'est...
> ...   n'est-ce pas ? (p. 147)

Ce qui, dans un contexte différent — chez Hugo par exemple — pourrait être une vigoureuse anaphore, dans une rhétorique qui précise, accentue, exalte, devient, chez Verlaine, par la seule juxtaposition, un refus de la forme, l'acceptation d'un statut grammatical contesté, d'une syntaxe délébile. L'exclamation réduit la syntaxe à un minimum : la phrase se passe du verbe qui agit, situe, fait progresser.[5] C'est un arrêt de signification, une constatation de futilité, une géographie du rien. *O*...marque la déroute de toute signification, dit la passivité du poète devant un univers limité et toujours fuyant :

> O bruit doux de la pluie !
> O le chant de la pluie ! (p. 148)
> O le frêle et frais murmure ! (p. 147)

Un des exemples les plus flagrants de la manière ou manie de Verlaine — l'effacement du discours — nous est donné par l'« Ariette V » dans laquelle on voit nettement un procédé : la volonté de dire le minime, d'effacer le texte au moment de son déroulement. Le poème est fait de destructions successives ; loin de signifier, il laisse le souvenir d'un tournoiement qui ne pouvait engendrer que la mort, celle qui est indiquée à la fin où le chant s'éteint, frêle conclusion d'un remuement de riens. L'ariette — comme la plupart des *Ariettes oubliées*, mais celle-ci d'une façon plus visible — est une étude ou un essai dans le genre mineur, fait du rassemblement de touches quasi-imperceptibles. C'est une sorte de « A la manière de », un texte qui est, sans aucun doute, fait consciemment d'éléments atténuants, selon une poétique d'effacement :

> 1. Le piano que baise une main frêle
> 2. Luit dans le soir rose et gris vaguement,
> 3. Tandis qu'avec un très léger bruit d'aile
> 4. Un air bien vieux, bien faible, et bien charmant
> 5. Rôde discret, épeuré quasiment,
> 6. Par le boudoir longtemps parfumé d'Elle.
> 7. Qu'est-ce que c'est que ce berceau soudain
> 8. Qui lentement dorlote mon pauvre être ?
> 9. Que voudrais-tu de moi, doux chant badin ?
> 10. Qu'as-tu voulu, fin refrain incertain
> 11. Qui vas tantôt mourir vers la fenêtre
> 12. Ouverte un peu sur le petit jardin ? (p. 149)

1. « Le piano que baise une main frêle » — la synecdoque de la main, vue dans un geste estompé, en fait un délicat ornement, accentué par « frêle », peu apte donc à un jeu musical positif.

---

5. Brunetière écrit : « à cette même intention de peindre, rapportez aussi ces phrases suspendues, où le verbe manque, et, par conséquent, la construction logique. »

2. « Luit dans le soir rose et gris vaguement » — la musique du piano, elle aussi ariette oubliée d'avance, disparaît dans la référence au meuble vu dans un jeu de lueurs indistinctes qui s'effacent dans les diminutions des contours, favorisant une scène où tout est mélange, le rose et le gris paraissant comme des atténuations de toute couleur.

3. « Tandis qu'avec un très léger bruit d'aile » — l'air, produit par la main frêle, se manifeste comme détaché du piano, volant hors de lui, vu dans une optique de synecdoque, une aile, compromettant l'image de l'oiseau volant avec force ; le *très*, dans ce contexte négatif, accuse le quotient de négation de la scène. « Tandis que...» annonce le mélange de ces instants, de ces correspondances.

4. « Un air bien vieux, bien faible, et bien charmant...»— musique incertaine émergeant doucement du salon : un air dont Verlaine évoque la fragilité. Les qualificatifs accumulent les nuances — si faibles qu'elles sont l'équivalent approximatif du rien ; les « bien » répétés ne profèrent que la présence d'un certain néant ; par là l'air est effacé systématiquement ; les « bien » sont les temps faibles du vers, qui l'amolissent au cours de son déploiement.

5. « Rôde discret, épeuré quasiment...» — la musique errante, non pas selon sa fonction, sa démarche activée et dirigée, mais nettement détachée de sa source possible, le piano. Rôder, de *rotare*, « faire tourner » ; encore un mouvement qui se résorbe en lui-même et, à trois reprises, le massacre (mais doux massacre du sens). *Epeuré* plus indistinct et timide que *apeuré* et l'adverbe verlainien *quasiment* correspondant à l'impressionnisme plus qu'à la qualification nette ; les *voyelles nasalisées* qui prédominent dans le texte créent une musique feutrée.

6. Par le boudoir...» (de *bouder*, qui comprend un certain silence). Le salon, par la magie déformante de l'œuvre, par l'irréel qui s'en dégage, change son statut de salon en présence du poème. Ceci est à rapprocher du sonnet du ptyx de Mallarmé où tout dans le salon est synonyme de mort (du poète, du salon, du poème, du langage). Voici un aveu net de désintégration du texte : non pas la voix qui est le privilège et le moyen de la création poétique, mais son effacement dans le souvenir, sa suggestion (*sub gerere*, « mettre dessous »). Même la poétique (esthétique) est suggérée, dite indirectement dans le texte, mais métaphore d'elle-même.

7-12. Les questions que pose le poète contiennent en elles-mêmes le négatif de la réponse : les sonorités — prédominance des *e* muets — « qu'est-ce que c'est que » — sont autant de langueurs, conduisant à la destruction du sens. La grammaire y est hésitante : temps mélangés, l'un effaçant l'autre, pour aboutir à un temps nul. Les sonorités sont ramenées à un dénominateur commun, prouvant leur ténuité dans l'unité qui intervient par l'homophonie ; les sons engloutissent le sens ; sons pareils qui signifient monotonie — celle de Verlaine est positive, car elle est en soi une manifestation musicale estompée.

Après le doute grammatical (« Que voudrais-tu ?... qu'as-tu voulu... qui vas tantôt mourir ... » p. 149), le doute dans la présence de la chanson, par un retour à l'enfance, donc suppression de la présence adulte («berceau soudain qui lentement dorlote mon pauvre être » p. 149). Le poète est ramené aux sources annihilantes de l'être. Cette voix est repliée sur elle-même, qu'il interroge dans le flou et qu'il ne peut (et ne veut pas) nommer — il ne peut que la contourner. Les assonances (*in*) quatre fois reprises agissent comme éléments de dissipation du sens. Chant et destruction du chant cessent d'être le produit de l'instrument pour ne signifier que sa nullité.

Ecrire c'est faire mourir les choses dans le lieu contradictoire de la mise en mots. L'air, voix repliée sur elle-même, il l'interroge dans le flou du temps et ne peut que le contourner d'une sorte d'incantation dormante — *badin, refrain, incertain*. Le poète en est venu à s'inventer un stade enfantin qui est un retour au non-existant du côté du langage articulé. Cette mort lente de l'air ne peut se manifester que légèrement. C'est la mort du poème préparée au cours d'une évolution hésitante et douteuse, proche d'une fin. Le poème subit le même destin que l'air quasi-imperceptible qui s'annule à la fenêtre et se perd dans le « petit jardin ».

> Votre âme est un paysage choisi
> Que vont charmant masques et bergamasques
> Jouant du luth et dansant et quasi
> Tristes sous leur déguisement fantasque. (p. 83)

Toute la scène est une métaphore développée d'une « âme » anonyme, s'adressant vaguement à une dame galante, mais qui constitue en même temps la poétique des *Fêtes galantes*. Le texte commence par sa propre destruction : le doute s'amorce et s'estompe dans ce possessif indéterminé, dans cette âme fictive condamnée d'avance à l'exclusion d'un seul sens parfaitement défini ; le *est* annonce avec autorité la métaphore insolite, fortifiée par la diérèse de pay-sa-ge et la résonance des chuintantes.

La métaphore est dépassée dans le champ de ses fonctions : au lieu d'arrêter, de situer la comparaison, elle l'étale et la fait dévier vers la métaphorisation d'une scène (« que vont charmant ... »). Un tableau de Watteau[6] ou d'un peintre analogue — que l'on peut supposer préexistant à cette mise en poème — prête son exemple de souplesse et d'ondoiement et aussi ses demi-teintes. Si le poète est attiré par le pictural, c'est qu'il y voit un choix opéré pour lui dans le foisonnement des instants de création ; il part de quelque chose d'arrêté, qui est à l'image du poème conçu dans certaines limites. Le poème vise à reproduire le tableau, à le dire : le paysage *choisi* est la métaphore du poème fondé sur le plus délicat, l'estompé, le geste gracieux. La forme progressive (« que vont charmant... ») est la transcription de mouvements souples, fuyants, qui sont, par leur légèreté même, les signes d'une poétique parente de l'impressionnisme. Les participes présents, les gérondifs, figurent une attente de toute action du sujet. L'inversion est encore un effet de l'art, ainsi que les voyelles nasalisées ; aux antipodes phoniques, les occlusives retiennent le texte et assurent sa statique. Dans « masques et bergamasques », se dessine la double anagramme d'« âme ». Le plaisir et la plainte s'allient en une tendre mélancolie ; le *quasi-triste* qualifie la poétique qui s'illustre dans ce poème où se côtoient le mineur et le majeur :

> Tout en chantant sur le mode mineur
> L'amour triste et la vie opportune (p. 83).

Le poème se situe entre un désir d'affleurement et de fixation. L'acte d'écrire se débat entre la volonté de dire et de ne pas dire, de garder au flou son caractère insaisissable, mais aussi le désir de le fixer dans les limites du poème. Les répétitions des mêmes termes sont des atténuations plus que des renforcements du sens :

> au clair de lune[7]
> au calme clair de lune

---

6. Il est utile de remarquer que Verlaine ne part pas toujours, pour ses « fêtes galantes », des tableaux de Watteau ou de peintres de la même école, mais de gravures, le noir et blanc étant d'autant plus proche de ce qui constitue les lignes du poème. En effet, il n'y a pour ainsi dire pas de couleurs franches dans les poèmes de Verlaine (surtout des *Fêtes galantes*).

7. La première version disait : « au clair de lune de Watteau » ; cette référence aurait révélé trop directement la source du poème, qui se veut, en tête des *Fêtes galantes*, plus flou et plus général. D'ailleurs, comme le faisait remarquer Anatole France, il n'y a pas de clair de lune dans Watteau.

> les jets d'eau
> les grands jets d'eau sveltes (p. 83)

Le poème cherche sa voie tout en détruisant ses intentions de progression ; doute au-devant d'un texte qu'il prévoit tout en le détruisant. Les conjonctions — le *et* en particulier — sont les moyens grammaticaux les plus évidents pour les références à ce qui fuit dans une tournoyante confusion. Le flou est un affaiblissement du discours oratoire ; c'est un échec qui se situe par l'écriture comme un geste positif. Dans le texte se joue le sort du texte, ses forces et ses faiblesses, qui deviennent le tissu occupant l'espace.

Le Colloque sentimental peut être considéré également comme une métaphore de la poétique de l'effacement et du dépouillement. Au niveau de l'interprétation d'une poétique à travers un texte, le fané, le vieux, le glacé, sont les signes d'une poésie visant au silence ; la solitude figure la simplification des moyens rhétoriques, stylistiques et grammaticaux ; les voix seules subsistent, émanant des fantômes, voix murmurées de « chanson grise » :

> ...leurs lèvres sont molles
> Et l'on entend à peine leur paroles (p. 96).

Le dialogue entre deux fantômes — l'un positif, l'autre négatif — est une autre destruction du discours :

> — Te souvient-il...
> — Pourquoi voulez-vous... (p. 97)

Deux modes s'opposent — le tutoiement de celui (ou celle) qui garde encore de l'amour un souvenir, abattu, détruit par la personne qui vouvoie. Le « non » anéantit l'élan des vers du distique qui se brise dans sa dernière syllabe, monosyllabe murmuré, comprenant en soi toute négation :

> — Ton cœur bat-il toujours à mon seul nom ?
> Toujours vois-tu mon âme en rêve ? —Non. (p. 97)

Enfin les deux voix s'annulent dans un parallèlisme qui oppose le bleu (amour vainqueur) et le noir (mort de l'amour) :

> Qu'il était bleu, le ciel, et grand, l'espoir !
> — L'espoir a fui, vaincu, vers le ciel noir. (p. 97)

Le poète se noie dans sa propre métonymie, qui, tournoyante, s'annule dans un jeu d'échanges. Dans *Soleils couchants*, où les moments du jour sont bouleversés, il se mire dans sa propre tristesse :

> Une aube affaiblie
> Verse par les champs
> La mélancolie
> Des soleils couchants. (p. 36)

Aucune rupture dans ce poème homophonique qui s'est voulu monotone. Les rimes se déploient dans le lieu de toutes ressemblances et les comparaisons sont internes, c'est-à-dire qu'elles unissent plus qu'elles ne divisent :

> Couchants sur les grèves
> Fantômes vermeils
> Défilent sans trèves,
> Défilent pareils
> A de grands soleils
> Couchant sur les grèves. (p. 36)

On peut voir dans *Soleils couchants* des *Poèmes saturniens*, donc du premier Verlaine — et pourtant si définitif quant à sa manière — la métaphore du poème verlainien typique : le bercement auquel il se réfère souvent définit cette poétique qui ne vise qu'à se complaire en elle-même. L'homophonie des rimes répétées signifie musicalement une volonté d'atonie, d'effacement donc au cours de l'écriture, désir de détruire, de s'arrêter dans un état de nullité. La métaphore est réversible ; elle agit dans les deux sens du comparé et du comparant. L'être du poète se situe dans les espaces intermédiaires où il est de la plus souple disponibilité. Lueurs plus que lumières qui se mélangent.

La métaphore chez Verlaine est d'un caractère particulier. Elle est plutôt une comparaison étendue, fluide, liquéfiée, qui noie comparé et comparant, souple et imprévisible, englobante et traînante. Elle n'est pas cette « incalculable trajectoire » de Hugo. La métaphore articulée ne serait-elle pas la marque d'une poésie affirmative, de *furor poeticus* ? Elle serait pour Verlaine un acte de définition trop nette et ne coïncidant pas avec ses intentions d'enveloppement.[8] La comparaison est sans contours, diluée dans l'espace scriptural. Le développement appartient aux poètes positifs : Ron-

---

8. Par l'idée de transfert comprise dans son étymologie, la métaphore est visiblement image de la progression du texte, de son recours à un dialogue générateur. En elle fonctionne parfaitement le nombre, présidant à la formation du poème. Amplification aussi du texte par l'ambiguïté qu'elle produit, la métaphore voile le sens plus qu'elle ne le révèle, l'étend et le complique, le déguise tout en feignant de l'expliquer.

sard, Hugo, Claudel. La comparaison chez Verlaine correspond à l'impair qu'il propose dans son « Art poétique », floue, sans consistance, faite pour s'éparpiller dans l'air scriptural :

> Plus vague et plus soluble dans l'air,
> Sans rien en lui qui pèse ou qui pose.
> ...la chanson grise
> Où l'Indécis au Précis se joint. (p. 261)
> Que ton vers soit la bonne aventure
> Eparse au vent crispé du matin
> Qui va fleurant la menthe et le thym. (p. 262)

Les comparaisons de Verlaine sont des approximations, contournant les choses plus qu'elles ne les exposent :

> Cela *ressemble* au cri doux
> Que l'herbe agitée expire...
> Tu *dirais*, sous l'eau qui vire,
> Le roulis sourd des cailloux...(p. 147)

Les comparaisons sont parentes de brumes enveloppantes ; elles s'accumulent et s'entremêlent dans des paysages qui sont à l'image de son âme, de son esthétique, paysages « choisis » pour une écriture qui veut, tout en se proférant, se nier :

> L'ombre des arbres dans la rivière embrumée
> Meurt comme de la fumée. p. 153)

Le paysage agit donc comme métonymie du poète lui-même, se reflétant à son tour dans le paysage qu'il vient de dessiner, accomplissant ainsi un tournoiement parfait :

> Combien, ô voyageur, ce *paysage blême*
> Te mira blême toi-même,
> Et que tristes pleuraient dans les hautes feuillées
> Tes espérances noyées. (p. 153)

L'épigraphe traduit admirablement la poétique verlainienne : le rossignol qui, du haut d'une branche, se regarde dans l'eau, croit être tombé dans la rivière ; il est au sommet d'un chêne et toutefois il a peur de se noyer.

Le langage imite les « demi-jours », car c'est le milieu vague favorable à des visions atténuées et tremblantes. L'articulation du texte est affaiblie par la récurrence des mots neutres, presque atones, la reprise des sons diminués, qui entrent, légèrement et discrètement, dans le tissu du vers.

> Et mon cœur, mon cœur trop sensible
> Dit à mon âme : est-il possible,
> Est-il possible, — le fût-il ?
> Ce fier exil, ce triste exil ?
> Mon âme dit à mon cœur : Sais-je
> Moi-même, que nous veut ce piège
> D'être présents bien qu'exilés,
> Encore que loin en allés ? (p. 151)

Le poème est fait de sens qui se fuient, se répètent pour s'annuler davantage, comme pour endormir le pouvoir des mots. Les références molles, indifférentes, au cœur, à l'âme, dans un dialogue qui est confusion et fusion, sont autant d'effacements du texte, en soi métaphore du nul, du non-existant. L'exil, qui est le thème de cette romance, n'est-il pas celui du poète quant à l'œuvre qu'il écrit tout en la désécrivant ? *Exil* — on voudrait dire *ex-il* — c'est l'éloignement de soi-même et de l'œuvre voulue et proférée, incapacité de posséder l'univers, de vivre l'œuvre qui croit en elle-même et prospère ; exil est bien, selon un de ses sens au moyen-âge, destruction, ruine.

Le texte frôle le néant, appuyé sur une série d'incertitudes ; ses interrogations sont annulées d'avance :

> Je devine, à travers un murmure,
> Le contour subtil des voix anciennes
> Et dans les lueurs musiciennes
> Amour pâle, une aurore future. (p. 148)

Les deux premiers vers, par exemple, descendent progressivement vers un anéantissement de sens :

> Je devine
>   à travers
>   un murmure
>   Le contour subtil
>   Des voix anciennes.

Verlaine s'astreint à dire ici l'indicible :

> Et mon âme et mon cœur en délires
> Ne sont plus qu'une espèce d'œil double
> Où tremblote à travers un jour trouble
> L'ariette, hélas ! de toutes lyres ! (p. 148)

Tous les termes, dans cette *Ariette*, visent à l'imprécis auquel il tient à garder son caractère. Le doute pénètre le mystère et l'accentue au lieu de le révéler.

Le thème de la mort, fictive et folle, est l'aboutissement fatal de l'« ariette oubliée », placée d'avance sous le signe de la disparition, où la conscience se perd dans ses balancements, où l'irrationnel seul est « bercé » vers la mort ; le langage se désagrège dans des exclamations, qui sont de l'ordre des soupirs, où le verbe reste infinitif, où les démonstratifs traduisent l'éloignement, où le diminutif efface davantage l'autorité du langage :

> O mourir de cette mort seulette
> ...
> O mourir de cette escarpolette ! (p. 148)

Dans des poèmes tels que

> « Il pleure dans mon cœur »
> « Le ciel est pardessus le toit »
> « Les sanglots longs »
> « Les violons »
> « La lune blanche »

le matériau est d'une telle économie, d'une telle discrétion qu'il pourrait signifier, à un certain niveau, l'expression, l'anéantissement du pratique (ils sont en effet aussi près du silence que possible), la perte du poème au moment où il naît. Et pourtant ils sont des chefs-d'œuvre certains, s'imposant par la plus grande perfection. Rien de plus frêle dans la poésie française et rien de plus achevé. Le poème semble se désagréger, mais son dépouillement est le résultat d'une épuration. Ce qui aurait pu être la mort du poème en est l'annonce en vie. Son être consiste aussi à ne pas vouloir être — c'est une de ses possibilités d'effondrement.

Dans « Il pleure dans mon cœur » (p. 148), ce qui pourrait appartenir au discours positif se résorbe en soi-même : l'inévitabilité cosmique est assimilée aux pleurs ; le caractère cyclique de la comparaison agit comme une image souple qui illustre le mot de Valéry : « La métaphore, c'est l'informe, l'état fluide ». Le sens effleuré dans les deux vers s'annule dans la question qui est l'expression de l'imperceptible, pour lequel il n'y a pas de réponse — seul un assoupissement constaté dans les contours sinueux de l'interrogation. L'articulation des vers est ralentie et feutrée par les e muets qui entrent pourtant par leur poids négatif dans le compte des syllabes :

> Quelle est cette langueur
> Qui pénètre mon cœur ?

« Ce deuil est sans raison » est la clef de ce lieu statique où se débat un état passif, qui n'a de raison d'être que de figurer un moment que la page accepte :

> C'est bien la pire peine
> De ne savoir pourquoi
> Sans amour et sans haine
> Mon cœur a tant de peine.

Voici qui nie le discours classique qui sait et veut savoir. Ici l'ignorance est une disponibilité poétique. L'incertitude, recueillie dans le poème, est la marque d'une écriture qui se désagrège, d'un texte qui se désécrit. Des remous se sont dessinés, vagues molles retombant sur elles-mêmes.

***

Ici apparaît un autre Verlaine. Son « Art poétique » peut être considéré en partie comme une parodie, une destruction d'un art poétique, qui est contraire à sa manière par son dogmatisme partiel, la sûreté de ses assertions, sa volonté de donner des conseils. On ne peut donc pas y voir une série de vérités auxquelles il aurait pu croire intégralement. Son jeu n'est pas franc ; Verlaine semble vouloir et ne vouloir point énoncer de préceptes ; des forces contradictoires y agissent. Il inscrit en lui, parallèlement à une démarche positive, une contestation de ce qui pourrait paraître une affirmation indéniable. D'une part, le poète se prouve dans des expressions qui appartiennent à sa démarche essentielle (celle des *Romances sans paroles*), mais se détruit par un certain prosaïsme consenti par le poète et qui est la condamnation de l'« Art poétique » par lui-même. La part de jeu y est constante : dialogue entre deux forces contraires, témoignage des oscillations entre un sens trop marqué et l'atténuation de ce sens.

Dès le début, le poétique est compromis. Si on lit les deux premiers vers sans se laisser séduire par le thème que l'on peut considérer comme sacré, il faut avouer qu'ils n'ont rien de musical, comme si, au moment d'une assertion, Verlaine était poussé par on ne sait quel démon à en prendre la contrepartie :

> De la musique avant toute chose
> Et pour cela préfère l'impair. (p. 261)

Par une volonté, au seuil de l'« Art poétique », de jouer avec les possibilités de déformation du thème, Verlaine dépoétise ses vers ;

il propose le musical sans l'illustrer par la matière même du vers ; ainsi il introduit un élément ludique qui propose un code de lecture particulière. La confrontation des tons est évidente : les deux vers qui suivent agissent comme un remords, nettement plus musicaux que les deux premiers. Ici le précepte et son illustration vont de pair ; la légèreté des monosyllabes agit comme la mimésis du poème flou :

> Plus vague et plus soluble dans l'air
> Sans rien en lui qui pèse ou qui pose. (p. 261)

Au cœur même de l'»Art poétique » (p. 261-62), Verlaine jette un regard ironique sur son propre art, contredit le lyrisme par le didactique et le banal, ce qui est contraire aux langueurs dans lesquelles le poète semble se complaire :

> Il faut que tu n'ailles point
> Choisir tes mots sans quelque méprise.

mais racheté immédiatement par une forme plus souple, conforme au véritable art poétique :

> Rien de plus cher que la chanson grise
> Où l'indécis au précis se joint.

Une série d'images viennent illustrer le précepte :

> C'est des beaux yeux derrière des voiles,
> Le fouillis des claires étoiles.

Après le brutal « Car nous voulons... », qui pourrait appartenir à Boileau, le « législateur du Parnasse », voici la suppression de cette autorité dans une exclamation lyrique :

> Oh ! la nuance seule fiance
> Le rêve au rêve et la flûte au cor !

Quand Verlaine demande que l'on fuie la pointe assassine, il en donne dans le vers même un exemple, ainsi que de « l'Esprit cruel et le rire impur », culminant dans le vulgaire :

> Et tout cet ail de basse cuisine !

Il propose de tordre à l'éloquence son cou au moment où le vers se soulève dans un mouvement d'éloquence : il accumule les rimes lourdes par leur extrême visibilité dans le texte ; se trahissant toujours davantage ; poussé par une constante ironie, il demande une rime assagie alors qu'il fait rimer « son cou », « jusqu'où », « nègre fou », « d'un sou ».

Voici donc un poème dont le déroulement se fait et se défait en même temps : le texte est menacé par le texte. La dureté de « De la musique avant toute chose » se dissout partiellement au cours du poème. Vers la fin, comme si Verlaine s'exerçant à son « Art poétique » avait appris l'usage du musical imprécis qui conteste un sens affirmé, l'expression s'amenuise pour proposer une poétique nouvelle, nuancée, faite de mots voilés, libres d'un sens absolu et traduisible. Même la gaucherie grammaticale du deuxième vers agit comme définition de liberté :

> Que ton vers soit la chose envolée
> Que l'on sent qui fuit d'une âme en allée
> Vers d'autres cieux à d'autres amours.
> Que ton vers soit la bonne aventure
> Eparse au vent crispé du matin
> Qui va fleurant la menthe et le thym...

Le lyrique est compromis encore une fois dans la pointe assassine de la fin qui, tout en faisant l'éloge du poétique, aboutit à une abrupte déclaration d'alyrisme : « Et tout le reste est littérature ». Verlaine est ici poète par intermittences ; dans les intervalles déserts de l'œuvre purement poétique se dessinent les signes de sa perte. Des faiblesses sont admises comme forces génératrices. La foi qui l'abandonne périodiquement au niveau de la vie est à l'image de sa foi en le poétique qui oscille, s'affaiblit, se cherche, s'abandonne et se joue en même temps.[9]

Ce qui peut nous autoriser à insister sur le côté parodique de l'« Art poétique », c'est qu'il est précédé de peu par un poème, « Le Clown » (p. 259) où les éléments ludiques prédominent. Le poète qui se savait devenir décadent pouvait partiellement et lointainement s'assimiler au « clown agile » :

> Bobèche, adieu ! bonsoir, Paillasse ! arrière, Gille !
> Place, bouffons vieillis, au *parfait plaisantin*,
> Place ! très grave, très discret et très hautain,
> Voici venir *le maître à tous*, *le clown agile*,
> Plus souple qu'Arlequin et plus brave qu'Achille.

Immédiatement après l'« Art poétique », se place un autre poème de la même famille, « Le Pitre » (p. 262) :

---

9. *Jadis et naguère*, recueil qui contient l'»Art poétique », est appelé par Jean Borel « un recueil fourre-tout, désordonné, contradictoire » et qui « semble consacrer la rupture du poète avec lui-même ». Voir son édition des *Œuvres poétiques complètes*, Paris : Bibliothèque de la Pléiade, 1962, p. 314.

> Le tréteau qu'un orchestre emphatique secoue
> Grince sous les grands pieds du maigre baladin...

Au début du recueil, un poème, « Pierrot » (p. 255-56) ne se réfère plus au « rêveur lunaire du viel air », mais à un Pierrot déchu, dans lequel le décadent Verlaine aurait bien pu, dans un moment de vision macabre, prévoir son sort de poète déchu :

> Ses yeux sont deux grands trous où rampe le phosphore
> Et la farine rend plus effroyable encore
> Sa face exsangue au nez pointu de moribond.

L'« Art poétique » s'est écrit comme un jeu entouré d'autres jeux : le pur sort de l'impur. Le recueil de *Jadis et naguère*, si disparate, fait de poèmes de valeur très inégale, donne sur Verlaine des indications d'une poétique qui admet, à côté de poèmes enchanteurs, la contrepartie du poétique ; témoignages aussi humains que littéraires, sortis d'une vie misérable, ils gardent en eux les signes d'une triste décadence. Le fait que, dans ce même recueil de *Jadis et naguère*, se trouvent des poèmes *A la manière de plusieurs* (Théodore de Banville, Coppée, Daudet, etc., p. 313-20), souligne le caractère ludique et parodique de l'« Art poétique ». Par quelle ironie aussi Verlaine fait suivre *Sagesse* par *Jadis et naguère* dont les sujets sont souvent troublants et scandaleux. A l'unité d'inspiration « noble » de *Sagesse* succède un fouillis de poèmes souvent bâclés et qui ne visent à rien moins que le « déglingué ». Verlaine est témoin d'une œuvre qu'il construit et détruit avec la même confiance. Le poétique devient, de plus en plus, pour lui, ce qui s'accommode de la plus grande liberté de sujets et de forme.

Un des exemples les plus flagrants de ces poèmes « décadents » est le « Sonnet boiteux » (p. 258) où Verlaine aurait très bien pu vouloir « faire décadent », où aurait présidé la volonté d'écrire un mauvais sonnet exprès ; lui-même l'appelle « boiteux » et lui donne des vers de treize syllabes. S'il préfère ici l'impair, ce n'est pas pour des raisons musicales, mais, au contraire, pour un effet de destruction du poétique. Tout est ici concerté — déconcerté ?—pour l'anéantissement de l'harmonieux du poème bien fait. Ceci correspond d'ailleurs au thème de découragement, de déformation. Ici, Verlaine recherche l'irrégulier : rimes différentes dans les quatrains, rimes indécises (assonances) dans les tercets ; rimes insolites, estropiées — *sohos, haos* — parodiques du cockney anglais ; rythmes impairs mais dans des vers trop longs pour être vraiment rythmés :

> Ah ! vraiment c'est triste, ah ! vraiment ça finit trop mal
> ...
> Tout l'affreux passé saute, piaule, miaule et glapit
> Dans le brouillard rose et jaune et sale des *sohos*
> Avec des *indeeds* et des *all rights* et des *haos*.

L'autobiographique empiétant sur le purement poétique ; le trop nettement avoué enlève au sonnet la qualité d'abandon qui permettrait l'accès au musical. Le « Sonnet boiteux » — entre d'autres exemples — fait figure de poème-épave, qui a dû se désagréger pour signifier le malheur, pour *être* débauche. Fin de toute foi et de tout espoir, désespérance de l'art. Le titre est d'avance un jugement, un aveu de non-esthétisme. Les tercets encombrés des déchets d'une langue étrangère estropiés, disent dans le texte français l'horreur d'un exil, d'une vie mal vécue, d'un poème malmené.

La parodie constitue aussi un phénomène d'intertextualité à l'intérieur du texte même. Nous avons vu Verlaine parodiant pour ainsi dire sa propre œuvre, celle où il exagère le thème minimisant de son texte, comme dans « Le piano que baise une main frêle ». Mais l'aveu le plus évident de brisure, de destruction de sa propre poésie, c'est le « A la manière de Paul Verlaine » par Verlaine lui-même, où il contrefait sa manière, où il sape l'autonomie de sa propre œuvre au profit d'un commentaire ludique, d'un exemple de sa manière, considérée comme une manie :

> C'est à cause du clair de la lune
> Que j'assume ce masque nocturne
> Et de Saturne penchant son urne
> Et de ces lunes l'une après l'une.
> Des romances sans paroles ont
> D'un accord discord ensemble et frais,
> Agacé d'un cœur fadasse exprès,
> O le son, le frisson qu'elles ont ! (p. 463)

Au cours de sa production, Verlaine devient critique de lui-même, de ses manières. Pour son malheur, l'esprit critique tue le lyrisme. Il fait le procès des *Fêtes galantes* dans un poème de *Parallèlement*, « La dernière fête galante » (p. 468) :

> Pour une bonne fois séparons-nous,
> Très chers messieurs et si belles mesdames,
> Assez comme cela d'épithalames,
> Et puis là, nos plaisirs furent trop doux.
> ...

> Nous fûmes trop ridicules un peu
> Avec nos airs de n'y toucher qu'à peine.[10]

Le moment est venu, dans sa vie, où il renonce à l'embarquement pour Cythère et le remplace par un aveu intime :

> Séparons-nous, je vous le dis encore,
> O que nos cœurs qui furent trop bêlants,
> Dès ce jourd'hui réclament, trop hurlants,
> L'embarquement pour Sodome et Gomorrhe !

Il y a chez Verlaine une intime prise de contact d'un être avec son image. Au moment où il est isolé de la société, il se voit par rapport à des beautés inaccessibles, mais chacune est image de son dénuement. Le pécheur pourrait par là faire son acte d'humilité. Le poème le prépare à la sagesse, et lui refait un climat d'innocence.

---

10. La seconde édition, en 1894, intercale ces vers.

Chapitre V

MALLARMÉ OU LE FAUNE-POÈTE/ CLAUDEL OU LE CHANT DU CHANT

Economie, négation, angoisse chez Mallarmé ; prolifération, assurance, foi chez Claudel, voilà les deux faces contraires, le négatif et le positif, d'un certain idéal poétique. D'abord l'exemple mallarméen, dont *L'Après-midi d'un faune* est fait de la constatation de l'écriture dans sa formation et sa destruction. Les doutes du faune forment les contours sinueux de l'armature du texte. Un sous-texte se propose dans la question : le faune a-t-il vu des nymphes ? Ici il s'agit de la reconstitution par le chant — c'est-à-dire l'écriture — d'une vision qui est dans un passé enveloppé de mystère, celui-ci nécessaire pour l'existence du texte. S'il y a, au niveau de l'évocation d'un passé — improbable ? imaginé ? possible ?—une trame, une autre est constituée par la réflexion sur cette trame. Nous considérons les intrusions produites par la référence aux moyens de produire le texte comme des brèches, des ouvertures sur des espaces hors texte.

L'Après-midi commence par une allusion de cet ordre : le faune qui aurait pu être le sujet de la narration du drame (la première intention de Mallarmé était d'en faire un monologue pour le théâtre) se double immédiatement du symbole faune-poète, son intention de « perpétuer » les nymphes appartenant à un poète plutôt qu'à un faune amateur de conquêtes. « Aimai-je un rêve ? »[1]

---

1. Stéphane Mallarmé, *Œuvres complètes*, éd. Henri Mondor et G. Jean-Aubry, Paris : Bibliothèque de la Pléiade, 1945,. 50. Je cite désormais d'après cette édition.

amorce un raisonnement générateur. Le doute qui préside au déploiement de tout le poème, de plus qui le génère, est évoqué dès le début pour être contesté : les bois réels, donc que l'on peut voir, sont la preuve que les nymphes étaient le produit de son imagination, puisque les vrais bois ne lui offrent aucune trace de leur présence. Le Faune commence par se replier sur lui-même ; il analyse son tourment qui n'est autre que l'angoisse du poète difficile qui préside à son chant. Sa démarche n'est pas progression, directe, éréthique, comme celle du *Satyre* de Hugo ou du verset claudelien ; elle évolue selon de souples volutes allant au-devant d'une destruction du poème. Le Satyre, par son chant, devient Pan, l'Univers, alors que le Faune aboutit à l'ombre dans laquelle il avait commencé : « Couple adieu, je vais voir l'ombre que tu devins ». (p. 53).

« Réfléchissons... » (p. 50) est une marque de division dans l'homogénéité du texte ; il en est la charnière. Tout héros d'un poème — pensons encore au Satyre, dans le *Noir* — aura réfléchi avant le poème et celui-ci recevra les résultats de cette réflexion. Quand le Faune dit ces « femmes dont tu gloses » (p. 50), il fait entrer les nymphes non pas dans l'élan d'une trame, mais dans le piétinement d'une analyse constante et laborieuse. Un faune pensant renonce à l'identité qui lui est conviée par le mythe et devient le poète avec ses manies de minutie, ses préoccupations d'*homo faber* qui ne poursuit plus des nymphes, mais les pense, les transforme en objet de poésie. De plus en plus le Faune devient Mallarmé dans l'acte de l'écriture de *L'Après-midi*. Or se parler à soi-même, c'est se diviser, c'est se voir dans l'acte de l'analyse, provenant d'un penseur, ordonnant ses pensées, distinguant dans la multiplicité le couple qu'elle résume. Dans la reconstitution d'une scène qui aurait pu avoir lieu, le faune, loin d'admettre le flou des aventures passées, la confusion inhérente à de fougueux accouplements, se met devant un spectacle que sa raison invente et puis dirige.

Deux variétés de nymphes apparaissent métaphorisées : l'une « comme une source en pleurs », l'autre comme « brise du jour chaude » (p. 50) et auxquelles il va demander, par la voie détournée de cette métaphore consentie comme argument dans son raisonnement serré et de la plus grande lucidité, la preuve de leur existence dans le passé ou l'aveu d'une mystification. Ce faune-poète, ayant inventé cette double métaphore, va obtenir des preuves de l'inexistence des nymphes, puisque, dans le paysage, ne se révèlent que les indices de la présence du poète ou du moins ce qui produit le poème : la musique de la flûte et le souffle de l'inspiration. Le seul réel qu'il touche donc est l'irréel ; la feinte de la poésie, et tout ce qui importe au poète seul, est rejeté par le faune. Un « subtil mensonge », ennemi de poésie narrative d'une clarté évidente et amateur des complexités de la création, est inventé pour occuper tout l'espace de *L'Après-midi*.

Le désir de « perpétuer », chez le Faune pensant, figure le désir de l'écrivain qui, sur le flou des données du réel, voudrait mettre le carcan du texte, la discipline emprisonneuse des rimes. A cette question, le Faune va substituer ce qu'il peut vérifier ; la seule réalité contrôlable, c'est l'eau de la flûte et le souffle de l'inspiration qui monte vers le ciel. Dans ce milieu paradoxal, c'est de fuites que le poème se compose, manifesté dans les jeux avec les morts du réel, les chutes du sens, les incertaines musiques des pipeaux. S'adressant aux « bords siciliens d'un calme marécage » (p. 50), c'est à un producteur de texte que parle le Faune. Il fait du paysage le témoin d'un événement — qui lui échappe ; il lui demande de « conter ». Il n'était pas victorieux parmi les nymphes, proies possibles, mais faisait le travail du poète qui coupait « les creux roseaux domptés/ par le talent » (p. 50-51) qui sont instruments d'erreur et de doute — pour que le poème continue. Tout ici est d'un poète difficile, souffrant de la sécheresse qui accompagne l'acte critique de l'écriture poétique.

Il s'agit de substituer la parole aux nymphes contestées, ce qui est, dès son premier essai, voué à l'échec :

> Et qu'au prélude lent où naissent les pipeaux
> Ce vol de cygnes, non ! de naïades se sauve
> Ou plonge... (p. 51)

Tout ce fragment étant mis d'ailleurs dans un double réseau de difficultés, puisqu'il appartient au discours indirect : « Contez /Que... » (p. 50). Dans son impuissance — due à sa difficulté vis-à-vis de lui-même — il force le texte de la nature à chanter pour lui. Nulle voix n'émane du paysage : « Inerte, tout brûle dans l'heure fauve » (p. 51), sans garder le souvenir de ce qui appartient à l'art, à ce qui serait la preuve de la présence du faune :

> Sans marquer par quel art ensemble détala
> Trop d'hymen souhaité de qui cherche le *la* (p. 51).

Le Faune qui oscille entre le désir de possession et la pureté, c'est le poète engagé dans une lutte contre l'impur ; les commencements obscurs et chaotiques où un thème s'esquisse selon la volonté plus ou moins marquée d'écrire et la difficulté d'atteindre à aucun accomplissement de cette même volonté en sont le témoignage. La poésie est maîtresse de confusions et d'erreurs. Elle s'accapare du matériau que fabrique l'expérience pour le « détourner » à elle. Ce qui appartient à l'expérience, au non-poétique, d'avant la poésie, est sapé : l'écriture mallarméenne est tout entière tendue vers la destruction du vécu, du réel. La flûte fait :

> Evanouir du songe ordinaire de dos
> Ou de flanc pur suivis de mes regards clos,
> Une sonore, vaine et monotone ligne (p. 51).

Le texte relève alors des désirs érotiques qui figurent, dans une indéterminée et indirecte métaphore, une poésie magnifique dans ses audaces, renonçant aux limites d'un goût trop difficile, pour s'immerger dans l'universel :

> Tu sais, ma passion, que, pourpre et déjà mûre,
> Chaque grenade éclate et d'abeilles murmure ;
> Et notre sang, épris de qui le va saisir,
> Coule pour tout l'essaim éternel du désir (p. 52).

Dans l'exaltation temporaire du Faune, l'adhérence aux voluptés innombrables (alors que la sienne poétique, se suffit à elle-même) représente une réussite dans le poétique, un abandon aux forces naturelles, l'acceptation de l'érotique dans toute sa fureur et qui ne serait pas interprété, car c'est l'interprétation qui gèle les données du corps. Ces voluptés auxquelles rêve le Faune sont, pour le poète, fruits défendus, mais dans un sursaut de désir, il voudra non pas seulement deux nymphes, mais toutes les nymphes et puis la reine Vénus, comme un rêve de poète capable de tout embrasser, de tout dire :

> Quand tonne un somme triste ou s'épuise la flamme
> Je tiens la reine ! (p. 52)

Puisque tout, dans *L'Après-midi*, est à interpréter selon l'équation Faune/Poète, le poète aurait pu croire posséder la Poésie même. Vénus représente toutes les amours, le mythe de l'amour et ses ardeurs infinies. La poésie sera toujours, dans l'optique du poète difficile, ce qu'il ne pourra pas atteindre. Le poème, ayant opté pour un doute envoûtant, doit suivre son destin. Les pourpres hugoliennes sont ce que, quand il est conscient, il veut et doit éviter. Même s'il a réussi le poème de lumière, c'est l'ombre qui est directrice dans la composition de l'œuvre difficile. Construction sur une suite de destructions, le poème se dresse comme une pure colonne au-dessus de ses ruines ; il s'est défait, il s'est détruit lui-même. Le Faune a « l'âme/ De paroles vacante » (p. 53) ; il ne lui reste plus qu'à dormir

> ...en l'oubli du blasphème,
> ...et comme j'aime
> Ouvrir ma bouche à l'astre efficace des vins ! (p. 53)

Le poète doute, non pas seulement de la poésie en tant qu'instrument de traduction, mais en tant que contestée et compromise quand elle est d'un écrivain difficile, désespérément attaché à une tâche voulue et conçue comme entreprise sacrée et tragique. Le Syrinx, vu dans sa seule réalité végétale, est mis en doute, exclu temporairement dans le mouvement oscillant du poème :

> Tâche donc, instrument des fuites, ô maligne
> Syrinx, de refleurir aux lacs où tu m'attends ! (p. 52)

L'acte de l'écriture est assimilé à un regonflement ; les souvenirs sont inertes jusqu'au moment de l'apparition de la volonté du poète. Toujours la difficulté s'impose comme maîtresse de vers serrés et rigoureusement travaillés. La reconstitution d'un passé dont on doute correspond au regard ardent du Faune dans l'acte de la voyance, activée par le désir. Le poète est conscient de sa poésie brisée, fragmentaire, arrêtée dans son élan, se voyant elle-même dans son acte stérilisant. Au lieu d'adhérer à l'univers, comme son maître, le satyre hugolien, il s'en détache, il vise à la brisure, à la division.

L'Après-midi reste l'exemple le plus fulgurant d'un texte qui se détruit de vers en vers, pour aboutir à sa défaite, son dénouement. Mais quelle victoire du côté du poème qui, malgré tout, s'impose dans sa surface comme le résultat parfait du poète qui voulait dire son impuissance, et qui, par un curieux détour, devient un poème de la plus sûre puissance. Un acte a été assuré par Mallarmé, spectateur de son texte.

L'Angoisse, dans le sonnet du « Ptyx », ou le poème-mort (p. 68), est éprouvée comme symbole de création difficile, condition de la démarche la plus âpre et la plus menacée. Mallarmé a conscience d'un effort pour atteindre l'œuvre rare, qu'il voudrait assimiler à un silence qui tiendrait du sacré, mais qu'il doit soumettre aux exigences de l'œuvre en travail, irrésistible et pourtant hostile, résistant à toute facilité de dire. L'Angoisse est la pré-signature du ptyx, synonyme de rien, effacée d'avance syntaxiquement, car tenue en retrait dans le rejet du premier vers :

> Ses purs ongles très haut dédiant leur onyx
> L'Angoisse

L'ambiguïté est contenue dans le possessif « Ses », suivi de la tautologie des ongles (« onyx », « ongle » en grec). Seul un sens sacré — mais provenant d'où ? est suggéré dans « purs », « dédiant », onyx. Après une référence à l'Angoisse (« L'Angoisse, ce minuit, soutient, lampadophore »), une attente est créée encore par « ce minuit », temps nul, vide, ni jour ni nuit ; l'arrêt est aussi suggéré par les allitérations — Angoi*ss*e *s*outient. Une tension correspondant au sujet de l'angoisse est créée par le rejet du sujet au deuxième vers, donnant au premier vers une valeur de suspens exceptionnelle.

L'Angoisse est porteuse de lumières, telle un lampadophore dans les cérémonies sacrées. Mais l'idée de lumière sera contestée dans « maint rêve vespéral brûlé par le phénix ». L'onyx moiré du premier vers impose l'image du poème dur, à travers lequel divers sens se préparent et s'annoncent, qui contiennent en germes des lueurs qui couronneront la scintillation du dernier vers («De scintillations sitôt le septuor »). Lueurs qui ne peuvent s'affirmer, et c'est là le tourment du poète de ne pouvoir transmettre au texte l'éclatant désir qui le provoque.

Le bûcher du Phénix (« Maint rêve vespéral brûlé par le Phénix ») est ici symbole de mort plus que de vie. Les cendres ne sont pas recueillies dans une « cinéraire amphore », donc cendres de mort, perdues ; mais par l'écriture du poème, il se couvre de signes positifs, élu pour être le sujet du sonnet de la mort. La mort s'entend tout au long du poème dans une constante référence aux mêmes sons : *sonore, s'honore, au nord, un or, licornes*. Le poème est une « étude projetée sur la parole ; il est inverse, je veux dire que le sens, s'il en a un, est invoqué par le mirage des mots mêmes ». Mallarmé écrit le sonnet sur demande pour accompagner un recueil d'eaux-fortes en noir et blanc avec des sonnets d'autres poètes. Il se prête à une « eau-forte pleine de rêve et de vide » (p. 1489).

Voici d'avance des limites qui compromettent le mouvement qui aurait pu intervenir dans l'écriture non-sollicitée d'un poème. Ici le mouvement est figé, arrêté, disant, par son inertie, la mort :

> Mais proche la croisée au nord vacante, un or
> Agonise selon peut-être le décor
> Des licornes ruant du feu contre une nixe

Les lueurs de la croisée « au nord vacante » sont d'avance mi-éteintes, donc menacées. La croisée s'ouvre sur un vide de mort — l'or y agonise. Le lieu de l'agonie est marqué par des approximations de négation : « peut-être. » «selon» (de *sub longum*), préposition qui exprime le doute, comme chez Montaigne. L'artifice du décor est aussi en soi une mort quant à la vie possible, les licornes et la nixe appartenant au mythe, donc négation du réel. Les négations juxtaposées jettent son cœfficient de néant l'une sur l'autre. Algèbre où seul le poème sera une affirmation.

Le ptyx rassemble en lui toutes les négations ; il traduit une mort double du langage. Même son sens de « pli », pouvant s'accorder au sens d'objet de vain ornement, signifie le minime ; précédé de « nul », le minime est multiplié puisque nous jouons dans l'improbable d'une existence phonique par le « bibelot aboli », donc effacé au moment où il est proféré. L'allitération produit inévitablement un balbutiement, avouant sa déficience du côté de l'articulation du son dans « inanité sonore ». « Nul ptyx »...le verbe est supprimé (« verbe tu », dit Mallarmé) — silence grammatical, métaphore de rien, sans oublier l'approximation de la nullité verbale traduite par le choix des monosyllabes : nul ptyx.

La mort est donc ce qui sous-tend le poème allégorique de lui-même, du poète difficile, ardu, trouvant dans la mort sa plus juste analogie. Le miroir dans lequel se mire la « défunte nue » est le lieu des morts du réel, des fausses possessions, donc nulles dans « l'oubli fermé par le cadre » — c'est encore l'indication d'une écriture du néant. Oubli, de *obliviscor*, « effacer », est une métaphore empruntée à l'écriture qu'on efface, donc écriture nulle, image parfaite d'un texte qui se veut et se détruit en même temps. Le poème tout entier aboutit à un arrêt :

> se fixe
> De scintillations sitôt le septuor.

Le vrai poème mallarméen est « nul » comme son sonnet du ptyx. Retenu par la blancheur du papier, il manque d'élan, reste attaché à la page, figé par l'écriture. Le travail est visible dans le vers, qui est le signe d'une conquête relative sur le néant, mais surtout de la lutte qui a précédé cette conquête. Les souvenirs de la création s'y trouvent et son thème est précisément la création. Le poème est une victoire sur le vide du papier, mais victoire fragile et pleine encore des inquiétudes de sa naissance hasardeuse.

***

A l'encontre de la pénurie de la thématique mallarméenne, de la peur du vide, de la hantise de la perte ou de l'insuffisance de l'inspiration qui la marquent, il y a la plénitude de la poésie claudelienne, l'abondance et l'assurance d'une écriture qui ne doute pas de ses moyens, qui se conçoit plutôt comme une profession de foi en elle-même et en Dieu. Le texte claudélien — je pense ici surtout au *Magnificat* — est mû d'abord par la présence, l'ardeur de la foi. L'ode est lourde d'un sens nourricier. Le poète se souvient des bienfaits de Dieu et élève vers Lui un cantique de reconnaissance. La ferveur du chrétien rencontre celle du poète qui chante — qui clame — sa foi. Toute l'ode est traversée par des références au thème du langage, aux nuances entre les paroles porteuses de vérités et aux bruits porteurs de mensonges ; toutes les nuances dans la qualité de la voix selon qu'elle est au service de la foi ou selon qu'elle lui est contraire. Le langage — plus la rhétorique — est promoteur de texte dans ses anaphores productrices : « Mon âme magnifie le Seigneur », phrase qui s'entoure d'une grande résonance par les sources qui nous sont familières et par la référence verbale comprise dans « Magnificat ».[2] Voix qui correspondent à la multiplicité des dieux par lesquels il est sollicité :

> Je marchais parmi les pieds précipités de mes dieux ![3]

Dans les *Cinq grandes odes* surtout sont mélangés des éléments divers qui ne peuvent faire de l'*Ode* une œuvre homogène et fermée. Au contraire, le poète est ouvert à toutes les solliciations de la Muse ; il s'expose en tant que poète chrétien — affirmant presque sauvagement sa croyance — et en tant que poète analyste de son œuvre et de sa manière. L'*Ode* est un poème qui s'écrit devant nous, nous introduisant dans les secrets de l'écrivain maniant son abondant et richissime matériau poétique. Plus qu'un poème fermé, le *Magnificat* est une explosion difficilement contrôlée, une effusion qui n'est guère retenue par les exigences de la prosodie. Il fallait à Claudel non pas l'alexandrin qu'il abhorre, mais bien ce verset « claudelien », libre de contrainte, ample et parent de la *prorsa oratio*, la prose qui va au-devant de toute possibilité

---

2. Alors que l'anaphore constitue souvent chez Claudel la charpente du poème et la signature de sa progression, où elle est évidente, indispensable, sa suppression — chez Mallarmé, par exemple — est le signe d'une poétique de restriction, de resserrement.

3. Paul Claudel, *Œuvre poétique*, éd. Stanislas Fumet et Jacques Petit, Paris : Bibliothèque de la Pléiade, 1967, p. 249. Je cite désormais d'après cette édition.

de développement. Claudel ne cache pas les matériaux de sa construction ; il les laisse voir dans leur état fruste plus que dans leurs résultats, leurs accomplissements. Ici donc nous sommes aux antipodes du texte parfaitement écrit. L'*Ode* fructifie par sa soumission à tout apport métaphorique, par son désir d'une éloquence qui ne se soucie guère de contrainte. Le poème est chez lui un geste affirmatif, mais se déployant sans la discipline du vers régulier qui, chez d'autres poètes, est l'assurance d'une affirmation, l'armature du poème « écrit ».

La première ode, *Les Muses*, annonce qu'elle se chantera elle-même, selon les premiers sens de souffle, d'esprit, de mouvement. Claudel ramène l'acte poétique au stade physique de la voix qui clame, du poumon qui respire. Tant de voix diverses, exaltées, contiennent, plus que des sujets, des disponibilités. Dans cette optique, ils sont engloutis plus que traités. Il ne s'agit pas, pour le poète, de parler selon la raison — sans doute un sens profond selon l'optique du poète chrétien est proféré dans le *Magnificat* — mais d'être, de se manifester, de s'abandonner à une seule volonté d'expansion. Dès le début, on comprend que le chant se nourrira de ses propres matériaux ; il est dévorant, prêt à surgir. La *force* se proclame — et ceci est nouveau dans la poésie française. Une foi comparable à l'acte d'écrire conçu comme éréthisme se lisait déjà chez Hugo, mais maîtrisé chez lui par l'alexandrin, toujours dominé par une facture sans faille. Chez Claudel, le champ dans lequel se déploie le poème reste brut ; les mots y chevauchent en liberté, avec pourtant un semblant de mesure qu'autorise le choix du verset et de l'*Ode* faite d'une suite de versets.

Ce qui précède les mots, c'est la force qui dirige leur éclosion, non pas la raison qui interviendrait dans leur agencement, mais la transe qui les emporte, le *furor poeticus*. Claudel, dans les champs du poétique, se préoccupe d'élargir ses terrains. Son regard englobe les plus infinies étendues. Dès la première page des *Muses*, il s'assimile à la Sibylle Cuméenne, aux gestes qui signifient avant les paroles, aux gestes qui sont des paroles, car tout parle ensemble dans l'instant de la mise en texte. Son bras — celui qui tiendra le *stilus* — est comme chez la Sibylle : « Tout impatient de la fureur de frapper la première mesure !/ Secrète voyelle ! animation de la parole qui naît ! modulation à qui tout l'esprit consonne ! » (p. 221)

Claudel ne se voit pas par rapport à l'univers extérieur, mais par cet univers qu'il se crée selon les destinées et les exigences du verbe. La poésie s'associe au monde de tous les arts ; elle est tous les arts ; elle n'est qu'une option de multiples facultés créatrices :

> Les neuf Muses ! aucune n'est de trop pour moi ! (p. 221)
> Présence créatrice ! Rien ne naîtrait si vous n'étiez neuf !
> Voici soudain, quand le poète nouveau comblé de l'explosion intelligible,
> La clameur noire de toute la vie nouée par le nombril dans la commotion de la base,
> S'ouvre, l'accès
> Faisant sauter la clôture, le souffle de lui-même,
> Violentant les mâchoires coupantes,
> Le frémissant Novénaire avec un cri ! (p. 222)

De toute la force de son originalité, Claudel veut échapper à tout ce qu'il y a de contraignant dans la poésie traditionnelle. D'une part, conscience de clameurs toujours présentes ; d'autre part, parallèlement à cette adoption des voix plurielles, la reconnaissance d'un silence unique. Ce qui déborde le poème plutôt que ce qui le fait ; ce qui le contredit, l'assaille. Ecrit, il est encore une contrainte ; il est fait de mots, alors que le silence semble s'infiltrer de sa présence en pleine proclamation du mot — et silence dit par les mots les plus opulents et de la sonorité la plus pleine. Et par ces mots, les images qui fusent, chevauchant les unes sur les autres, l'une n'étant pas satisfaite d'elle seule, mais en engendrant comme dans un tonnerre — telle est la volonté de dire chez celui qui forcera même le silence à *être*, à *signifier*. Silence qui se contredit ; les comparants du silence sont faits d'un excès d'images, si irrésistibles chez ce maniaque de *l'autre* :

> O mon âme ! le poëme n'est point fait de ces lettres que je plante comme des clous mais du *blanc qui reste sur le papier*.
> O mon âme ! il ne faut concerter aucun plan ! ô mon âme sauvage, il faut nous tenir libres et prêts,
> Comme les immenses bandes fragiles d'hirondelles quand sans voix retentit l'appel automnal !
> O mon âme impatiente, pareille à l'aigle sans art ! comment ferions-nous pour ajuster aucun vers ? à l'aigle qui ne sait pas faire son nid même ! (p. 224).

La poétique claudélienne est conçue comme la mimésis d'une force sans limite et qui doit être déposée comme telle dans le texte. Les images naissent pures, fraîches, jeunes, dans la vision du poète qui est sans art et pourtant doit avoir son art pour dire le « sans art ». Claudel, avec une science sûre du poétique, de ses techniques, même s'il doit et peut-être veut les éviter, retourne aux sources intouchées du domaine métaphorique. La métaphore claudélienne a un sens particulier dans le contexte de l'œuvre : métaphore de la métaphore. Le poète a des intentions dispersantes et englobantes : tout capter, tout vouloir dans un geste de désireuse possession. Le texte est attiré, dirigé, possédé par la métaphore, procédant des mines universelles de toute correspondance. Telle est la marque de ce texte, si nouveau, si inattendu au moment où il paraît. Seul Hugo l'avait précédé dans ce domaine du chant du chant, de l'inspiration qui se chante elle-même ; mais chez Hugo toujours dominée par une conscience exacte de la facture des vers, par une raison active, celle précisément que Claudel tend à nier.

Le retour aux Muses, dès sa première *Ode*, est une première manifestation d'expansion du poétique. Au moment où l'œuvre se rapproche des sources élémentaires, pures de tout passé, nues, exigeantes dans l'instant, le poète se dirige vers les Muses. La mesure qu'il nie et dit éviter, il la souhaite auprès des neuf Muses, toutes, dans leur art, exemples de la parfaite mesure. Texte en travail, qui remue dans chacun de ses remous les questions du poétique, de ses étendues comme de ses limites. Dans une langue qui veut se libérer de la mesure essentielle de la poésie, l'alexandrin, il est ramené — car toujours placé au centre de l'œuvre qu'il dirige, entière, universelle, multiple — à ce facteur fondamental dans toute écriture, le nombre.

> Mais, vous ne m'abandonnerez point, ô Muses modératrices.
> (p. 225)
> Mais maintenant je dirai les grandes Muses intelligentes. (p. 226)
> ...O poëte, tu ne chanterais pas bien
> Ton chant si tu ne chantais en mesure. (p. 227)

Le verset claudelien cherche à s'adopter au nombre de son souffle, lui permettant de s'exprimer, de chanter sans subir les contraintes du pied et du rythme d'une forme poétique reçue, imposée du dehors. C'est la forme de l'inspiration immédiate, du rythme vécu, d'une prière intérieure et spontanée. Est présente dans cette écriture cependant la conscience d'une fabrication. La poésie lyrique est dépendante de la lyre, assimilée, semble-t-il, aux fils du tissage qui entrent métaphoriquement dans la désignation du texte. La lyre est :

> pareille à un engin de tisserand, l'instrument complexe de la captivité (p. 226)

> D'une main, la lyre, pareille à la trame tendue sur le métier, de son autre main,
> Elle applique le plectrum comme une navette. (p. 226)
> Mais la lyre ne nous suffit pas, et la grille sonore de ses sept nerfs tendus. (p. 227)
> Il faut l'Angle, il faut le compas qu'ouvre avec puissance Uranie, le compas aux deux branches rectilignes,
> Qui ne se joignent qu'en ce point d'où elles s'écartent. (p. 227)

Le processus de la mise en écriture est ainsi examiné, l'intelligence et la science intervenant dans le maniement des matériaux. Mais que ce soit dans les références au mystère du monde et de l'acte poétique, partout le corporel intervient dans les images physiques, comme constatation du corporel dans le spirituel et l'inverse. La terre et l'esprit se disent l'un l'autre en un noueux dialogue, riche en contrastes, en couches d'interpénétrations. Ceci appartient également au dessein fondamental et inné chez le poète de diriger ailleurs le présent du scriptural, de trouver des équivalences multiplicatrices, de s'ouvrir, de s'élever sans cesse vers le dialogue :

> L'émanation du profond a l'énergie de l'or obscur,
> Que la cervelle par toutes ses racines va puiser jusqu'au fond des intestins comme de la graisse, éveiller jusqu'à l'extrémité des membres ! (p. 226)

Ce qui intéresse le texte, son propre processus, ne sera jamais expliqué, jamais résolu, car la masse poétique — celle-ci infinie, matériau fondamental — demande à subsister. Son mystère est matériau :

> Chose précieuse, te laisserons-nous ainsi échapper ? (p. 226)

— l'intelligible, le potentiel, demandent à entrer dans le domaine ouvrier, l'*homo faber* venant au secours de l'*homo vates*.

Au moment où Claudel parle de mesure, il imagine et convoite l'abondance sans borne, la « coupe qui déborde », ce qui ne se mesure pas. Le détail est sans cesse ramené à un ensemble sonore et « opime » :

> Point de touche qui ne comporte la mélodie tout entière !... Que le langage nouveau, comme un lac plein de sources,
> Déborde de toutes ses coupures ! J'entends la note unique prospérer avec une éloquence invincible ! (p. 226)

Ecrire, ne pas écrire, dominer et se laisser entraîner, sont les deux temps de l'écriture qui se cherche ; sa référence à un fond infini de mystérieuses présences possibles et l'ordre qui intervient dans cette masse. Toujours un retour à l'essentiel, la conscience d'un tout. Quand Claudel écrit : « Que je ne sache point ce que je dis ! » (p. 227), il s'arroge les espaces immenses du dire en liberté. Le geste poétique se veut autonome, surpris dans ses moments de vagissement et de foisonnement. Le poète est grand salueur d'aubes, amateur de fraîcheur matinale et son ode en sort « pure comme un beau corps nu tout brillant de soleil de d'huile » (p. 229). Non seulement dire les choses, mais être là au griffon où les choses se disent. Le poète a sa voix dans l'univers et qui signifie. Un dialogue s'instaure, qui est fructueux, entre le privilège de la parole d'être elle-même, seule, proférée en geste seulement — et le sens qu'elle transmet :

> Mais ton chant, O Muse du poëte,
> Ce n'est point le bourdon de l'avette, la source qui jase, l'oiseau de paradis dans les girofliers !
> Mais comme le Dieu saint a inventé chaque chose, ta joie est dans la possession de son nom. (p. 229)
> ...de chaque chose tu cherches *comment la dire* ! (p. 230)

Claudel poursuit toutes les étapes de la voix pour arriver au langage digne de l'éloge :

> Que le bruit se fasse voix et que la voix en moi se fasse parole ! (p. 251)
> Ceux qui n'ont pas trouvé la vérité n'ont à leur disposition que le bégaiement :
> Parmi tout l'Univers qui bégaie, laissez-moi préparer mon cœur comme quelqu'un qui sait ce qu'il a à dire. (p. 251)

Dans des versets pleins de souffle et d'ivresse, est comprise la conscience de son œuvre par rapport aux autres. Dans un tourbillon il s'explique :

> Les mots que j'emploie,
> Ce sont les mots de tous les jours, et ce ne sont point les mêmes !
> Vous ne trouverez point de rimes dans mes vers ni aucun sortilège. Ce sont vos phrases mêmes. (p. 265)

Claudel met du côté de ses intentions et désirs ce qu'il fait vraiment dans le temps de cette écriture optative :

> Et je voudrais composer un grand poëme plus clair que la lune qui brille avec sérénité... p. 266)
> Laisse-moi chanter les œuvres des hommes... (p. 266)

> Je chanterai le grand poëme de l'homme soustrait au hasard !
> (p. 267)

Le vrai chant de Claudel est celui qu'il annonce — non pas toujours la parole directe qui dit les choses, mais la promesse de ce chant qui est d'ordre lyrique. Le chant du grand poëme *est* le poëme qu'il chante. Claudel est de cette catégorie de poètes qui se voient chanter, écrire. Leur présence quant à l'acte d'écrire est leur constante signature quant à leur statut cosmique. La récurrence dans l'ode des projets d'écriture est la reconnaissance du poète qui se fait et se prévoit comme le Satyre de Hugo qui est vu dans l'acte de chanter et dont l'acte de chanter et ses sujets sont le sujet de son chant. « Le satyre chanta la terre » (*Le Noir*).

> Toujours le silence comme une strate, un appel de voix.
> Après le long silence fumant...
> Soudain l'Esprit de nouveau, soudain le souffle de nouveau
> (p. 234)

L'idée de la page blanche se présente au poète, sur laquelle viendra la brisure de la parole. Ce qui est source de tourment pour Mallarmé est invitation à profusion chez Claudel. L'ivresse poétique est dite dans l'ivresse des vastes métaphores continuées, non pas la métaphore limitante, mais celle qui est à l'image d'une exaltation :

> Si le vigneron n'entre pas impunément dans la cuve,
> Croirez-vous que je sois puissant à fouler ma grande vendange de paroles
> Sans que les fumées m'en montent au cerveau !
> ...
> Ah ! je suis ivre ! je suis livré au dieu ! j'entends une voix en moi et la mesure qui s'acccélère, le mouvement de la joie...
> (p. 264)

Les larmes sont un autre langage dans ce monde de langues infinies, métaphore des voix sans paroles, voix que ne guide pas la raison, mais qui sont l'explosion de l'émotion. Ce sera au moment où il est « un homme dans le milieu de sa vie » (p. 249), sachant qu'il a conscience du langage, au moment dans lequel il écrit des poèmes, des proses, des pièces :

> Et de cet esprit que vous avez mis en moi,
> Voici que j'ai fait beaucoup de paroles et d'histoires inventées, et personnes ensemble dans mon cœur avec leurs voix différentes. (p. 250)

D'une part, la mesure, d'autre part la liberté absolue. En pleine écriture des versets — ce qui suppose un certain goût de la mesure — un désir d'éviter toute contrainte :

> O mon âme impatiente ! nous n'établirons aucun chantier ! (p. 223) Toute route à suivre nous ennuie. (p. 224)

A chaque moment, Claudel détruit, puis reconstruit son univers poétique, compte tenu des événements extérieurs et des lectures faites par lui.[4] Un phénomène semblable accompagne l'élaboration de sa thématique qui, tout en s'efforçant de reproduire une certaine possession, une certaine totalité, se voit contrainte à admettre la non-possession, les inévitables limites d'une inspiration qui se veut totalisante.

A la hantise des limites chez Mallarmé, on pourrait donc opposer la tentation de la démesure chez Claudel, la recherche d'une dynamique de l'écriture, de l'autonomie de l'inspiration, mais qui serait contenue et retenue par l'esthétique du verset, donc par les exigences d'une démarche cadencée et mesurée. En effet, le verset claudelien a pour principe directeur l'iambe, c'est-à-dire une série régulière d'éléments longs et d'éléments brefs. Claudel en était arrivé à penser que la prosodie classique ne pouvait plus répondre à son souci de musicalité naturelle, à son idée d'un rythme poétique calqué en quelque sorte sur celui de la respiration humaine. D'où une versification qui peut s'accorder avec le vers, mais qui s'efforce de se libérer des contraintes du compte des syllabes, qui vise à l'union des beautés de la poésie et de la prose. Ainsi les contraintes du vers et la liberté de la phrase se trouvent réconciliées dans le verset, dans et par un chant qui est à la fois écriture et désécriture.

---

4. Voir André Vachon, *Le Temps et l'Espace dans l'œuvre de Paul Claudel*, Paris : Seuil, 1965, p. 24.

Chapitre VII

LAFORGUE OU LE TEXTE NÉGATIF

Chantons nenni
A l'infini !

L'œuvre de Laforgue, par sa démarche négative et annihilante, va peu à peu au-devant de sa destruction.[1] Elle se construit sur une automatique destruction de ce qui appartient au traditionnel. Ce texte est admirable à force de ne pas vouloir l'être. Il penche vers l'insolite, un vide de sens et de forme. Laforgue se situe en-deçà ou au-delà d'un thème. Son langage, par le refus de la stricte grammaire, d'une syntaxe normale, est une constante invention, qui signifie recherche du nouveau. Plus qu'un retour aux sources admises d'une tradition, il représente le refus de l'habituel. Que Laforgue profère un sens continu — si toutefois il le voulait — le texte l'en empêche, car il est exigence de choc, d'égarement.

Comme l'écriture de Laforgue crée son propre code, il impose une certaine norme de lecture. Les *Complaintes*, par leur insistance sur une vision sombre du monde, correspondent à son état coutumier de tristesse et d'amertume, mais sont encouragées et aug-

---

1. Nous nous référons ici au Laforgue que nous considérons comme parfaitement original. Nous empruntons à tous les recueils les exemples divers qui contribuent à la formulation d'une poétique, mais insistons sur ce qui, à partir des *Complaintes*, dans *Les Fleurs de bonne volonté* et les *Derniers vers*, semble révéler ses véritables intentions poétiques. Si nous donnons ici beaucoup d'exemples, c'est que le texte de Laforgue est en lui-même le témoignage éloquent d'une écriture à la fois lyrique et parodique, harmonieuse et boiteuse, qui se fait tout en se défaisant.

mentées par une écriture volontairement plaintive. Quand il dit : « Moi je veux vivre monotone »,[2] il signifie de toute évidence : « Moi je veux écrire monotone ». Il y a ici quelque chose de parent à la part d'entraînement qui entre dans les évocations de la mort chez les baroques, à la séduction du macabre et du déchu chez Baudelaire. Comme ingrédients de poèmes, cette attitude provoque des bouleversements de syntaxe, le choix d'un lexique bizarre, une langue déformée qui en soi serait la métaphore d'un certain état de décadence.[3]

Tout doit s'accorder à une sémantique du désespoir — la mimésis agit dans tous les moyens de la mise en poème. Le langage se veut désespéré, plus fort certainement que le mal qui pourrait subsister au niveau sémantique. Le poème est fait des brèches qui interviennent dans son mouvement. Le texte classique, en revanche, se propose en général une certaine unité ; un sens est poursuivi et promulgué par les moyens homogènes d'un mode établi ; il est lyrique, dramatique, narratif et s'astreint à des lois que dicte la logique. Chez Laforgue, au contraire, le texte est fait de ce qui intervient pour contredire une strate prévue ; il est une négation, constituée paradoxalement comme moteur d'écriture déliquescente.

Laforgue procède à la désacralisation de la métaphore. qui est pour lui une image trompeuse, car elle signifie fausseté de la vie, du destin, de l'écriture même. Celle qui, dans la poésie, exalterait la nature et la verrait dans ses moments dramatiques — de coucher de soleil, la beauté des saisons, la lune associée aux amours et méditations nocturnes — doit, pour entrer dans le réseau laforguien, être décalée, déformée, détruite dans ses éléments comparateurs. La métaphore, raisonnablement conçue, lui serait apparue comme une trahison de son esthétique.

L'automne envahit son écriture, la voilant de brumes et de pluie. Partout le vent et les nuages, symboles d'ennui, de nostal-

---

[2]. Jules Laforgue, *Œuvres complètes*, *Poésies*, 2 vols, éd. G. Jean-Aubry, Paris : Mercure de France, 1951, vol. I, p. 89. Le tome et la pagination seront indiqués entre parenthèses après la citation.

[3]. A l'éloquence, Laforgue, lui aussi, tord son cou. Il a eu raison de dédier ses *Complaintes* à Paul Bourget, qui, dans son article consacré à Baudelaire, avait défini ainsi le style de la décadence : « celui où l'unité du livre se décompose pour laisser la place à l'indépendance de la page, où la page se décompose pour laisser la place à l'indépendance du mot ». C'est bien, dans ce recueil, cette décomposition, cette désécriture, qui émeut et qui parfois déroute le lecteur. Voir Pierre Reboul, *Laforgue*, Paris : Hatier, 1960, p. 117.

gie et de mort. La haine qu'il professe pour le soleil traduit une attitude particulièrement négative vis-à-vis du monde. Le soleil, couchant presque toujours chez lui, s'associe souvent au dimanche, à l'automne, pour suggérer la mélancolie et la tristesse. Le soleil moribond est évoqué dans ce passage où les chuintantes répétées agissent comme un affaiblissement par rapport au positif des voyelles et occlusives, mimésis d'un malaise érigé en principe de poésie insolite :

> Ce soir un soleil fichu gît au haut du coteau,
> Gît sur le flanc, dans les genêts, sur son manteau.
> Un soleil blanc comme un crachat d'estaminet
> Sur une litière de jaunes genêts
> De jaunes genêts d'automne...
> Et il gît là, comme une glande arrachée dans un cou...
> (II, 144)

L'éclat du soleil pourrait aussi être un reproche à son état de doute et de stérilité quant à son écriture, comme le printemps et l'azur sont odieux à Mallarmé, étant contraires à la poétique qu'il préconise. Au lieu d'exagérer la métaphore dans ses caractéristiques ennoblissantes, il la détourne vers ce qui appartient à sa destruction. La métaphore prédominante est le sang, autant comme qualificatif de la couleur du couchant que par sa parenté avec le meurtre, le malheur. Le sème de mort sous-tend la métaphorisation :

> Quand le soleil en son sang s'abondonne (I, 86)
> Devant le soleil couchant qui dans son sang se vautre
> (II, 190)
> Le couchant de sang est taché
> Comme un tablier de boucher (I, 160)
> Rosaces en sang d'une aveugle cathédrale (I, 162)
> Soleil qui, saignant son quadrige,
> Cabré s'y crucifige ! (I, 70)
> Le soleil mort, tout nous abandonne.
> Il se crut incompris. (I, 109)
> Un couchant mal bâti suppurant du livide (I, 92).

Dans une optique satirique, ironique, parodique, le soleil est vu dans des métaphores parentes d'orgie, d'artifice, de clinquant. L'ironie, destructrice de la poésie, en devient, chez lui, génératrice, lui permettant de saper toute velléité d'emphase ou d'enflure qui menacerait la pureté voulue de son expression :

> Continue à fournir de couchants avinés
> Les lendemains vomis des fêtes nationales. (I, 208)
> Soleil ! soudard d'ordures et de crachats,
> Planteur mal élevé...
> ...
> Bellâtre, Maquignon, Ruffian, Rastaquouère
> A breloques d'œufs d'or qui le prends de si haut
> Avec la terre et son Orpheline lunaire. (I, 207)
> Va, Phœbus ! (I, 208)

Il explicite ainsi cette expression dans le même poème :

> — Sache qu'on va disant d'une belle phrase, os
> Sonore, mais très nul comme suc médullaire,
> De tout boniment creux enfin : c'est du pathos,
> C'est du PHŒBUS !... (I, 208)

Laforgue crée une nouvelle sorte de lyrisme dans ses jeux métaphoriques d'apparence dénigrante, un lyrisme qui subsiste, mais toujours sous l'angle d'une certaine ironie. Il en résulte que les rimes, au lieu de lier des mots concordants, privilègent des allusions et des rapprochements qui suprennent, voire désorientent, par leur incongruité :

> Blancs médaillons
> Des Endymions,
> ...
> Jaloux tombeau
> De Salammbô,
> Embarcadère
> Des grands Mystères
> ...
> Sainte Vigie
> De nos orgies
> ...
> Rosace et dôme
> Des derniers psaumes (I, 210-11)
> Sphinx et Joconde
> Des défunts mondes,
> O Chanaan
> Du bon Néant (I, 273)[4]

---

4. Métaphore dénigrante pour désigner la terre, par rapport à la lune et ses charmes :
   Et toi, là-bas, pot-au-feu, pauvre Terre !
   ...
   Tu fais un métier, ah ! bien sédentaire ! (I, 212)

Les rimes, infailliblement rapprochées dans ces rythmes brefs, portent en elles-mêmes un sens de brisure ; elles sont un défi à l'éloquence. Le verbe étant « tu », elles sont projetées dans l'espace poétique sans l'encombrement d'une syntaxe compliquée. Le banal est aboli à moins qu'il ne soit, par ironie, un des ingrédients de l'image, remplacé par les charmes du bizarre :

> Morte ? Se peut-il qu'elle dorme
> Grise de cosmiques chloroformes ? (I, 270)

Le dialogue constant de Laforgue avec la lune est en soi une métaphore de l'irréel, du fantasque qui accompagne l'acte poétique ; elle entre dans le réseau de ses poèmes par la voie de l'ironie ; elle est une déviation plus qu'un pont qui lierait logiquement le comparé et le comparant. La litanie, faite d'une quantité d'apostrophes, équivaut à une annihilation du sujet, par excès de métaphores rivalisant les unes avec les autres. Par leur particularité, par l'insolite des rencontres comparé-comparant, elles sont une revanche de l'irrationnel sur le raisonnable et le traditionnel. Toutes sont loin de l'admirable « faucille d'or dans le champ des étoiles » de Hugo et de tant d'autres images où le lyrisme en même temps que la logique règnent dans les rapports comparé-comparant. L'audace du nouveau est leur marque. Souvent de teneur savante, elles se présentent comme une destruction du sacré :

> Madame et miss
> Diane-Artémis (I, 211)
> Lune bénie
> Des insomnies (I, 210)
> Jettatura
> Des baccarats (I, 211)
> Bel œil-de-chat
> De nos rachats (I, 211)

Vagabonde et impassible devant les spectacles qu'elle rencontre dans sa course, la lune détachée est une source d'images de coupure, de mort :

> Œil stérile comme le suicide (I, 214)
> Astre atteint de cécité, fatal phare
> Des vols migrateurs des plaintifs Icares ! (I, 213)
> Crâne glacé (I, 214)
> O pilule des léthargies finales (I, 214)
> Astre lavé par d'inouïs déluges (I, 214)
> Lune, ô dilettante Lune,
> A tous les climats commune (I, 103)

La nature entière avec ses saisons, ses paysages, est vue dans une optique anthropomorphique fondée sur la déformation. Le cosmos est soumis à une destruction par l'ironie, figure prédominante chez Laforgue. En pleine poésie, voici l'assassinat de la poésie. Le discours de l'érudition est ravalé au niveau le plus bas. Le thème qui s'impose est celui de la destruction du texte, qui va de pair avec la destruction, au niveau sémantique, du cosmos. La nature dénigrée nous apparaît comme une vaste métonymie d'un état d'écriture macabre. Les saisons, dans leur démolition, s'imposent comme des thèmes d'une nouvelle poétique, par distortion, par exagération :

> Hein, étés idiots,
> Octobres malades,
> Printemps, purges fades,
> Hivers tout vieillots ? (I, 86)

Cette strophe se trouve dans la « Complainte de l'orgue de Barbarie ». Il s'agit bien d'une scie ; le banal de la répétition des événements saisonniers, leur monotonie, leur inutilité créent l'ennui (voulu) que reproduit la « Complainte à Notre-Dame des Soirs » :

> L'extase du soleil, peuh ! La Nature, fade
> Usine de sève aux lymphatiques parfums. (I, 70)

Les fleurs sont vues et aimées dans leur décadence ; leur mort est à l'image d'une écriture desséchée :

> Puis les squelettes de glycines aux ficelles
> ...
> Montrent-elles assez la corde, ces glycines
> Recroquevillant leur agonie aux ficelles ! (I, 92)

Si l'automne signifie mort de la nature, la syntaxe, le vocabulaire déformé, les rythmes variés, coupés, tout devra produire le texte construit pour sa destruction, sa mort ; une apostrophe est l'amorce d'un poème où tout signifie fin, chute, comme dans la « Complainte de l'automne monotone » :

> Automne, automne ! adieux de l'Adieu ! (I, 107)

Ce qui pouvait encore appartenir au mode lyrique est brutalement détruit dans la référence au banal :

> La tisane bout, noyant mon feu (I, 107)

et dans ce verbe impertinent provenant de l'anthropomorphisation du vent :

> Le vent s'époumonne
> A reverdir la bûche où mon grand cœur tisonne. (I, 107)

Le vide, l'arrêt des lieux, indiquent, au niveau de l'analyse de la fonction scripturale, un certain vide de sens :

> Milieux aptères (sans ailes)
> Ou sans divans (I, 107)

« Le vent, la pluie, oh ! le vent, la pluie ! » (I, 108) pourrait être continué sur le même ton pour maintenir le mode lyrique. Mais Laforgue, selon un de ses procédés courants, crée une rupture, un choc, par une allusion mythologique qui, du fait d'être introduite dans un texte délabré, est désacralisée :

> Antigone, écartez mon rideau. (I, 108)

De même, les néologismes figurent comme des déformations du langage, une excroissance, une création artificielle : « Cet ex-ciel tout suie », suivi de ce triple non-sens :

> Fond-il *descrecendo, statu quo, crescendo ?*

c'est-à-dire en descendant, en restant tel quel, ou en croissant, pour aboutir au grotesque quotidien :

> Le vent qui s'ennuie
> Retourne-t-il bien les parapluies ? (I, 108)

Le désir de descendre au stade de l'animalité est l'admission d'une poétique fondée sur ce que la vie a de plus élémentaire. Il opère par la dévaluation systématique de l'amour :

> Amours, gibiers !
> Aux jours de givres,
> Rêver sans livres,
> Dans les terriers
> Chauds de fumier ! (I, 108)

Le malheur tombe sur ce qui l'entoure, provoqué, forcé, dans les sillages du poème qui s'écrit sur des décombres de sens et de son :

> De trop poignants cors
> M'ont hallalisé mes chers décors. (I, 108)

La destruction opérant à travers les détails du poème est soulignée dans l'absurdité de la fin assurant la destruction du poème même, car c'est là surtout qu'il connaît sa mort :

> — Allons, fumons une pipette de tabac,
> Et feuilletant un de ces si vieux almanachs,
> En rêvant de la petite qui unirait
> Aux charmes de l'œillet ceux du chardonneret. (I, 109)

L'automne mentionné sans fin est comme la base des poèmes fondés sur un thème de plainte. Le piège de la rime est inévitable et traduit un état d'âme constant. Tout est constatation de sens péjoratifs. Dans son optique, l'automne est l'annonce de la déchéance, du froid, de l'hiver :

> C'est l'automne, l'automne, l'automne
> Le grand vent et toute sa séquelle
> De représailles ! et de musiques...
> Rideaux tirés, clôture annuelle,
> Chute des feuilles, des Antigones, des Philomèles :
> Mon fossoyeur, *Alas poor Yorick !*
> Les remue à la pelle !... (II, 155)

Ce que Laforgue appelle d'une façon familière « le brave, brave automne » est son compagnon de misère, sa véritable « saison mentale » :

> Ah ! l'automne est à moi,
> Et moi je suis à lui. (II, 64)

Le texte se détériore volontairement ; le lyrique est sans cesse atteint dans ses fondements. Tout l'être du poète est délabré et se complaît dans le « déglingué ». Le monde entier n'est que l'agrandissement de sa peine. Le ton « noble » rattaché aux langueurs de l'automne est ici détruit :

> Octobre m'a toujours fiché dans la détresse (II, 51)

Le Temps est le grand malfaiteur dans ce cours des saisons qui sont métaphores de vie ratée :

> Le Temps met Septembre dans sa hotte,
> Adieu, les clairs matins d'été !
> Là-bas, l'Hiver tousse et grelotte
> En son ulster de neige ouaté. (II, 205)

« L'hiver qui vient », du recueil *Derniers vers*, le premier poème en vers libres de la poésie française, accuse encore la décadence de la saison par la décadence de l'écriture. Il a fallu cette irrégularité de la prosodie — Laforgue maintient pourtant des rimes (souvent approximatives) — pour que le texte reflète la volonté d'abolition du sens, de la rhétorique, d'une saine poétique. Ruines de sens, visibles dans ce qui, désarticulé, articule le poème. Les nombreuses exclamations, suivies de points de suspension, coupent, arrêtent le sens pour en constater la fragilité. Ce qui existait chez le poète malade, souffrant de vivre, se lit dans le texte qui se désagrège. L'écriture n'a eu aucun choix si ce n'est cette inclination à la chute. Le texte se perd autant que l'âme dolente du poète. Les cors de chasse qui annoncent la prise et la mise à mort de l'animal agissent comme images de mort, se manifestent en plaintes qui sont comme des hallali du sens.[5] S'il s'agit d'une mort dans le déroulement du poème, c'est bien celle du poème qui se désécrit : des suites de syllabes se suivent comme des rengaines, des refrains, des souvenirs de chansons populaires, porteuses de peu de sens si ce n'est celui de la chanson monotone :

> Et les cors qui sonnent !
> ...
> Taïaut ! Taïaut ! et hallali !
> ...
> Allons, allons, et hallali ! (II, 144)

> Les cors, les cors, les cors - mélancoliques !...
> Mélancoliques !
> S'en vont, changeant de ton,
> Changeant de ton et de musique,
> Ton ton, ton taine, ton ton !...
> Les cors, les cors, les cors !
> S'en sont allés au vent du Nord. (II, 145)

L'intrusion des cors — si fréquente — envahit le texte pour l'empêcher de signifier pleinement : répétitions qui sont l'expression bégayante d'un néant intérieur, une douleur sous-jacente et si ancrée en la nature du poète qu'elle ne peut émerger de ses profondeurs que par râles et murmures. L'éloquence, comme c'est le cas partout chez Hugo par exemple, exprime sainement la douleur, la transcende, lui donne une force et une beauté qui sont une compensation. Mais, chez Laforgue, c'est la douleur sans remède, où la seule rhétorique se manifeste dans l'anaphorique référence aux cris et souffles qui la transmettent. Les reprises des mêmes sons agissent comme aveu de défaite ; aucune volonté n'intervient pour

---

5. Ici une comparaison avec un texte qui se construit, résultat d'une ferme rhétorique et d'une adhésion vigoureuse au sème de mélancolie, s'impose avec *Le Cor* d'Alfred de Vigny : « J'aime le son du cor le soir au fond des bois...»

soutenir le texte. L'uniformité phonique est comme la mimésis d'un vide intérieur qui se dit sans l'intention ferme de se dire ; seuls subsistent quelques signes de son malaise. Le suicide du langage n'est pas loin, mais qui veut être constaté par le poème, être présent dans sa disparition :

> Et je ne peux quitter ce ton : que d'échos ! (II, 145)

Ces échos sont ce qui constitue le poème qui ânonne, bien que le poète reste, dans le maniement de ces bribes, parfaitement savant. Le musical relaie le sémantique qui se constate dans son long effondrement :

> C'est la saison, oh ! déchirements ! c'est la saison !
> Tous les ans, tous les ans,
> J'essaierai en chœur d'en donner la note. (II, 146)

A ce thème maladif, duquel émanent les descentes vers la mort, conviennent les références médicinales, pharmaceutiques, qui sont autant d'éléments hétéroclites, choquants dans le tissu poétique, et qui se réfèrent aux attributs de l'hiver :

> comme une glande arrachée d'un cou (II, 144)
> la toux dans les dortoirs
> la phtisie pulmonaire
> lainages, caoutchoucs, pharmacie
> statistiques sanitaires (II, 146)

Les jeux de mots qui sont comme les actes de la désintégration, de la dissection du langage, tout en étant fulgurants, contribuent à l'expression du désarroi, ainsi que les expressions proverbiales et chansons populaires :

> blocus sentimental
> soleils plénipotentiaires (II, 143)
> Voici venir les pluies d'une patience d'ange (II, 146)
> Adieu, vendanges, et adieu tous les paniers,
> Tous les paniers Watteau des bourrées sous les marronniers...
> (II, 146)

où les paniers du dicton « Adieu, paniers, vendanges sont faites » se mêlent aux paniers des robes des *Fêtes galantes*.

Une comparaison avec Lamartine et Verlaine nous permettra de situer mieux la poétique laforguienne. Chez Lamartine, l'automne, même s'il portait en lui des symboles de son âme qu'il disait mourante, était proclamé selon les exigences de la rhétorique classique :

> Salut, bois couronnés d'un reste de verdure !

ceci accompagné de l'admission consciente de la valeur symbolique de cet automne, l'acceptation de la mélancolie, d'un sentiment de mort :

> Salut, derniers beaux jours ! Le deuil de la nature
> *Convient* à la douleur et plaît à mes regards !
> ...
> Oui, dans ces jours d'automne où la nature expire,
> A ses regards voilés, je trouve plus d'attraits.

La rhétorique contredit le thème ; Lamartine *dit*, constate les chutes de son âme, sans que le texte, par sa malléabilité, corrobore son sens :

> Moi, je meurs et mon âme, au moment qu'elle expire,
> S'exhale comme un son triste et mélodieux.
> (Lamartine, « L'Automne »)

Une clarté parfaite préside à l'articulation du poème. La mention de la mort est une affirmation. En disant « je meurs » Lamartine enlève à l'indicible ce qu'il avait de mystérieux et d'intangible.

Verlaine, lui, introduit le flou, l'indécis, dans le langage qu'employait Lamartine. Il savait, disait-on, « L'Automne » de Lamartine par cœur, ce qui indique nettement une affinité entre les deux poètes. Mais, Verlaine, dans sa « Chanson d'automne », transposera certains éléments lamartiniens dans sa poésie « musicale » ; il s'efforcera dans la voie d'un langage plus souple et plus léger de sens et, par là, il nous prépare à la lecture de Laforgue :

> Les sanglots longs
> Des violons
>   De l'automne
> Blessent mon cœur
> D'une langueur
>   Monotone.

Chez Lamartine, l'automne *est* ; chez Verlaine, il le *devient* ; chez Laforgue il nie son être et son devenir et se propose comme un passé de l'être, une vieillesse de l'année, une image dans l'ensemble d'une âme qui se désagrège. Le poétique se trouve dans la dislocation du sens, mais surtout de la phrase, du vers irrégulier — vers libres mais qui ont gardé des poèmes réguliers en alexandrins des souvenirs de rimes, d'assonances, qui ne font qu'accuser l'aspect délabré du texte, rappel de ce qui se détruit, de bribes, de mots arrachés, de phrases démantelées :

> Oh ! tombée de la pluie ! Oh ! tombée de la nuit !
> Oh ! le vent...
> Oh ! dans les bruines, toutes mes cheminées !... (II, 143)

Le banal, qui appartient aux poncifs, aux idées reçues, aux dires quotidiens, peut-être à la chanson populaire, acquiert, par les vertus du contexte, une valeur poétique :

> On ne peut plus s'asseoir, tous les bancs sont mouillés
> (II, 143)

La parodie est une des constantes de l'écriture de Laforgue et qui est la source d'une bonne partie de sa fulgurance. Laforgue se plaît à ce qui est hors du poétique authentique, selon le sens étymologique de parodie — *para ôde :* « à côté du chant ». Rien ne définit mieux la poétique de Laforgue ; sa poésie est à côté du chant au point de le nier, de le saper. La parodie du sacré est la plus fréquente, car elle a pour objet ce qu'il y a de plus élevé pour le rabaisser et pour créer, par la chute, un effet de surprise.[6] Laforgue est sûr, par là, de produire un choc. Il exprime ainsi — surcroît de sens ! — son incroyance, sa haine de l'église, son doute sur l'immortalité de l'âme. L'oraison dominicale se déforme dans ses mains, marquée à chaque instant par des termes de négation ou de dénigrement, mais qui sont, dans l'optique de Laforgue, chargés d'une teneur poétique indéniable :

> O Loi, qui êtes parce que vous Etes,
> Que votre Nom soit la Retraite !
> ...
> Que votre inconsciente Volonté
> Soit faite dans l'Eternité !
> ...
> Non rien : délivrez-nous de la Pensée,
> Lèpre originelle, ivresse insensée.
> Radeau du Mal et de l'Exil
> Ainsi soit-il ! (I, 67-68)

---

6. Le caractère sacré des litanies est sapé dans ces vers :
O Notre-Dame des Soirs
Que Je vous aime sans espoir ! (I, 70)
Inconsciente Loi,
Faites que ce crachoir s'éloigne un peu de moi ! (I, 99)

La chanson populaire est un des matérieux prépondérants de Laforgue, car le sens en est fixé depuis des siècles et pour le lecteur depuis son enfance.[7] Le texte s'affirme par la brisure d'un sens ancien, ce qui est l'occasion de surprises où l'ironie est maîtresse :

> Il était un roi de Thulé,
> Immaculé,
> Qui loin des jupes et des choses,
> Pleurait sur la métempsychose
> Des lys et des roses...(I, 149)

Un déclic de langage s'opère après l'expression la plus banale, qui devient dérisoire quand elle se rattache à un souvenir de chanson populaire :

> Il pleut, il pleut, bergère ! (II, 37)

Dans la chanson populaire, intervient une déformation qui est une destruction du texte. « Les lauriers sont coupés » sont abolis pour être remplacés par « Les pins sont éternels » (I, 106). « Sur le pont d'Avignon », dont le sens est bouleversé, aboutit à l'insolite d'une nouvelle chanson où la danse devient cosmique et irréelle :

> Dans l'giron
> Du Patron,
> On y danse, on y danse,
> Dans l'giron
> Du Patron,
> On y danse tout en rond. (I, 78)

Dans cette optique déformatrice, *Au clair de la lune* acquiert un sens qui s'élève au-delà de la chanson populaire pour rejoindre un sacré déformé par l'ironie :

> Au clair de la lune,
> Mon ami Pierrot,
> Filons, en costume,

---

7. La complainte réactualise partiellement les thèmes de vieilles romances et les anciennes chansons de toile. Mais qu'est-ce que Laforgue a emprunté à ces formes populaires ? « Assurément pas le goût d'une poésie-chanson badine et militante, mais un ton spécifique, fait de quotidien, d'humour et d'ironie, d'auto-dèrision aussi, et toute une syntaxe » selon Daniel Delas et François-Charles Gaudard. Voir leur article sur « L'invention des *Complaintes* de Jules Laforgue » in *Les Complaintes Jules Laforgue*, Paris : Ellipses Edition Marketing S.A., 2000, p. 16.

> Présider là-haut !
> Ma cervelle est morte,
> Que le Christ l'emporte !
> Béons à la Lune
> La bouche en zéro. (I, 132)

Les mots chez Laforgue sont de la plus grande malléabilité ; ils demandent à être creusés pour acquérir une signification imprévue — d'autant plus poétique aux yeux de Laforgue, puisque le poétique dépend d'une dose plus ou moins forte d'imprévu :

> Et que mon cœur pèche en eau trouble (I, 234)

De l'expression courante « faire la bête pour avoir du foin », il extrait ce non-sens comique :

> Croyez qu'ils font la bête
> Afin d'avoir des seins,
> Pis-aller de coussins
> A leur savantes têtes. (I, 224)

Ailleurs, les « seins nus » deviennent des « seins nuls » (I, 81) et « mettre de l'eau dans son vin » acquiert, par une entorse à l'expression, un sens surréel : « Mets de la lune dans ton vin » (I, 252).[8]

Dans l'alchimie laforguienne, le populaire a un sens qui, bien que non-lyrique, se lie aux recherches linguistiques qui constituent le texte. Ce langage emprunté est une façon de se séparer de lui-même et de désorienter les autres. Le populaire coïncide avec une grammaire démantelée, à laquelle il enlève toute correction ou cohésion :

> — Voyons, qu'est-ce que je veux ?
> Rien. Je suis-t-il malhûreux ! (I,115)

La grammaire altérée traduit un refus des lois, un jeu de fantaisie

---

[8]. Par le fait même que la logique ne préside pas à l'accouplement du substantif et de l'adjectif, mais la fantaisie, source d'ambiguïté, donc d'extension du sens, l'épithète impertinente appartient à la catégorie des moyens amplificateurs du texte ; par la déviation qu'elle comprend, la fuite loin d'une norme qu'elle favorise, elle est propre à engendrer la surprise. A part les exemples fréquemment cités, tels que « vent crispé », etc., un genre particulier d'épithète impertinente se trouve, chez Hugo par exemple, dans *Le Satyre* :
> Le *rut religieux* du grand *cèdre cynique*.

les épithètes inattendues, joignant le sacré et l'érotique, mais traduisant, dans l'influence du contexte, le caractère sacré, selon la volonté de ce poème, de la chair, le côté sensuel de la création, la sexualité dans l'univers.

dans les tournures acceptées et connues. Même si les constructions sont contraires aux règles, elles sont toutefois conformes au génie de la langue. Elles se justifient par l'expression qu'elles veulent transmettre d'une irrégularité fondamentale, d'un vice interne qui se refuse à la grammaire de tous :

> tes doigts sentimentals (I, 76)
> nous sommes tous filials (I, 89)
> mal repu des gains machinals (I, ll3)

La syntaxe est bouleversée, adoptant des tournures étrangères, dans ce cas une tournure anglaise :

> C'était un très-au vent d'octobre paysage (I, 92)

Les pronoms sont soumis à un jeu insolite :

> Petits et gros, clochers en fête,
> ...
> Se carrillonnent, et s'entêtent
>   A tue-tête ! à tue-tête ! (I, 154)
> Je t'expire mes Cœurs bien barbouillés de cendres (I, 110)
> Oh ! voilà que ton piano
> Me recommence (II,153)
> Son mouchoir me flottait sur le Rhin (I, 90)
> Le cœur me piaffe de génie (II, ll9)

C'est dans les néologismes d'une très grande fréquence et d'une audace affirmée que Laforgue montre le plus son génie langagier. La langue est essentiellement ce qui se prête à une brisure ou une augmentation :

1. Création d'adjectifs par suffixes nouveaux :

> L'air *exilescent* (I, 188)

(la forme progressive créant la durée indéfinie de l'exil)

> blancs *bizarrants* (I, 70)
> un ciel *crépusculâtre* (I, 188)

(un sens péjoratif est ajouté)

ou par jeux de mots :

> ces vendanges *sexciproques* (I, 71)

ou par la création de nouveaux adjectifs :

> allégresses *hosannahlles* (I, 155)
> Les cloches...
> S'étourdissent en *jeunes gammes*

> *Hymniclames !* hymniclames ! (I, 155)
> leurs ornières...
> Montant en *donquichottesques rails* (II, 144)

2. Création de verbes :

> Dans les soirs,
> Feu *d'artificeront* envers vous mes sens encensoirs (I, 119)
> Ainsi mon idéal sans bride
> *T'ubiquitait* de mes sanglots (I, 144)
> Une cloche *angéluse* (I, 188)

3. Transformation de mots qui correspondent souvent au désir de désacralisation ; les croyances sont exposées au néant, au vide :

> la céleste *éternullité* (I, 63)
> *Violuptés* à vif (I, 113)
> cloches *exilescentes* des *dies iraemissibles* (I, 181)
> tout feint *l'en-exil* (II,47)

La table rase dans le domaine des croyances, des espérances, coïncide avec une poétique fondée sur le dépouillement du traditionnel pour ne s'attacher qu'au processus poétique qui invente du nouveau. Son athéisme appartient à des intentions de vide, qui signifie pour lui pureté, disponibilité dans les champs du poétique ; une nouvelle religion s'invente, basée sur rien d'acquis. Voix dans le vide ; le néant est le point de départ de ses inventions :

> Et redevenir rien irrévocablement ! (I, 53)

La référence à l'inconscient est l'aboutissement d'une quête de la table rase, qui est table d'écriture. L'inconscient serait ce qui pense pour le poète, hors de lui-même, hors du sens :

> mais l'Inconscient me mène ;
> Or, il sait ce qu'il fait, je n'ai rien à y voir.
> (I,261)
> Oui, par delà nos arts, par delà nos époques
> Et nos hérédités, tes îles de candeur,
> Inconscience ! (I, 269)

Ces « îles de candeur », ne pourraient-elles pas être les pages blanches qui vont se couvrir de signes, séduisantes dans leurs étendues disponibles, appelant par leur vide, leur « blanc », les mots du poète ? Celui-ci encourage en lui une certaine anesthésie : retour à l'enfance, au rien de la pensée. Le texte se voit comme non-texte ; les *et caetera* figurent une façon de glisser dans le néant sémantique, d'être vide devant les invasions possibles du rien :

> En t'offrant le miroir de mes *et caetera* (I, 269)

La négation de tout — sauf du texte négatif —, l'abolition de toutes les valeurs, sont d'une part la strate vide sur laquelle s'échafaude le non-sens, d'autre part, elles sont la pleine métaphore du texte même. Toujours, selon le paradoxe au cœur de cette écriture qui *est*, mais ne se désire pas, l'inconscience est invoquée par excès de conscience du poème. Ces tables rases se prêtent à l'incrustation du scriptural. Le vide de l'infini est invoqué avec une telle insistance métaphorique qu'il se trouve nécessaire à l'acte poétique ; les négations accumulées finissent par produire un texte solide. La seule infaillibilité existante est du côté de la mise en écriture, quels qu'en soient les ingrédients. Tant de faiblesses sont supposées par une force de texte éclatant. Dans « N'arriver qu'ivremort de Moi-même à la mort » (I, 269), la mort feinte s'écroule dans l'ampleur et le faste des jeux de mots allitérés, qui témoignent d'une croyance en la force du mot.

Le doute que Laforgue éprouve devant la vie, il l'étend à l'autre vie, à laquelle il ne croit pas. Partout des déserts ; son doute n'a pas de limites, que ce soit dans la vie ou dans la mort. Partout la strate vierge du texte susceptible de devenir porteur de ses propres vérités, qui s'affirment contrairement aux croyances acceptées par autrui :

> Ce monde est bien plat, quant à l'autre, sornettes.

Les doutes métaphysiques de Laforgue indiquent en grande partie une poétique du détachement, du douloureux, encouragé, exprimé outrageusement :

> Qu'enfin, et rien de moins subtil,
> Ces gratuites antinomies
> Au fond de nous regardent mie,
> L'art de tout est dans *l'Ainsi soit-il*. (I, 228)

La fuite qu'il souhaite est rendue impossible au moment même où il l'écrit par la volonté de celui qui nie toute volonté. Acceptée comme donnée du texte, donc négative et vaine, elle n'apporte que le doute sur son accomplissement. « Des ailes ! », s'exclamet-il (I, 112). Mais pour aller où ? Chez certains poètes, le désir de fuite est l'occasion de vers enchanteurs. Même si elle est impossible, elle trouve une compensation dans la beauté des vers :

> Fuir ! là-bas fuir ! Je sens que des oiseaux sont ivres
>   D'être parmi l'écume inconnue et les cieux !

Ces vers de Mallarmé ne disent guère le drame de la fuite, car elle est reproduite dans ses mouvements séducteurs. Les valeurs dynamiques qui soutiennent la poésie traditionnelle, le voyage, la volonté d'aventure, l'ivresse des départs, tout est bouleversé et nié chez Laforgue ; seul le doute sur l'aventure subsiste ; les poèmes se referment sur des impossibilités de libération :

> Fuir ? où aller ce printemps ?
> Dehors, dimanche, rien à faire...
> Oh ! rien à fair' non plus dedans...
> Oh ! rien à faire sur la Terre !... (II, 30)
> Je n'aurai jamais d'aventures ;
> Qu'il est petit, dans la Nature
> Le chemin d'fer Paris-Ceinture ! (I, 160)

Dans la strophe même, l'élan est nié, symbole de sa propre inertie devant l'éloquence, celle pourtant dont Laforgue était capable — il le prouve dans ses débuts et il aurait pu l'adopter comme mode d'expression — mais il lui a bientôt « tordu le cou ». Le sort a voulu qu'il emploie son éloquence à détruire l'éloquence. La voix qui s'élève au fond de ses inquiétudes est faussée dès le moment où elle est proférée par une syntaxe annihilante, voix chaotique où la grammaire est sacrifiée :

> Est-il Quelqu'un, vers quand, à travers l'infini,
> Clamer l'éternel Iamasabaktani ? (I, 62)

Les métamorphoses qu'il souhaite, loin de son moi européen, ne peuvent être que des occasions d'échec :

> Oh ! là-bas, m'y scalper de mon cerveau d'Europe !
> Piaffer, redevenir une vierge antilope,
> Sans littérature, un gars de proie, citoyen
> Du hasard et sifflant l'argot californien ! (II, 43)

Le désir de fuite prend des proportions cosmiques ; il l'imagine hors de ce monde par l'aide d'ailes imaginaires qui pourraient le dissoudre dans l'infini :

> Au-delà plus sûr que la Vérité ! des ailes
> D'Hostie ivre et ravie aux cités sensuelles !
> Quoi ! Ni Dieu, ni l'art, ni ma Sœur Fidèle ; mais
> Des ailes ! par le blanc suffoquant ! à jamais
>   Ah ! des ailes
> A jamais ! (I, 112)

Le moi, dans cette optique dénigrante, est anéanti, diminué, détruit. Le grand Moi qui se prend au sérieux, ne peut imaginer que sa fin, ou, par moments, mais brièvement, quelque croyance fugitive :

> Ainsi donc, pauvre, pâle et piètre individu (II, 151)
> En deuil de Moi-le-Magnifique (I, 59)
> Qui ne croit à son Moi qu'à ses moments perdus (II, 151)
> Un soir, je crus en Moi (II, 66)

L'écrit se condamne au moment où il se produit :

> les livres
> S'accouchent, s'entretuent sans lois. (I, 248)

Au moment où, dans un élan d'aveu spontané, il dit : « Je veux bien vivre... », il est entraîné par l'ironie qui se cultive dans des intentions dévastatrices, pour aboutir à une excroissance du familier dans :

> mais vraiment
> L'Idéal est trop élastique ! (I, 248)

La menace du néant est partout : la désécriture est son tourment et pourtant sa seule option. Les vers sont ravalés au niveau d'un jeu de mots avilissant et macabre :

> Ah ! qu'est-ce que je fais, ici, dans cette chambre !
> Des *vers*. Et puis, après ! ô sordide limace ! (I, 93)

La destruction est corrosive ; elle s'attaque même au désir de destruction qui est le composant du texte. Le sens de la nullité, du vide de l'existence, est la strate de ses vaines aspirations. La négation de tout provient d'un poète recherchant l'unique — et où le trouver si ce n'est dans l'oubli de nos prétendues vérités ? Dans la rhétorique de Laforgue — rhétorique renversée, à rebours — ce qui est attaché de négatif au texte est, par cette voie, d'autant plus proféré. « Faites de la vie telle quelle et laissez le reste » traduit, non pas ce que Laforgue produit par ses textes, mais un idéal jamais atteint de simplicité fondamentale : l'immédiat, le spontané, tout ce qu'il imagine comme non-texte, mais qu'il est poussé pourtant à transformer en texte, ce qui est loin de cette pureté et de cette simplicité qu'il imagine. Laforgue fuit précisément la vie telle quelle dès qu'elle entre dans le processus poétique. Il a dû penser à une strate de mouvement, de vie, qu'il admet dans sa nudité et qui ne s'encombre de rien de prévu, ce que l'instant propose, ce que la vie distille de non-vécu ; alors le poème surgira dans une audace qui est synonyme d'élan rythmique.

Laforgue souhaite la réduction du littéraire au banal : la vie telle quelle serait celle que n'encombre pas l'espace scriptible. Ce qu'il professe est irréalisable : comment pourrait-il calquer le vrai, le réel, l'immédiat ? L'écriture est une trahison vis-à-vis du non-écrit. La vie telle quelle est un assassinat du texte tel quel ; il y aura toujours un ornement dans l'écrit, un départ loin de l'immédiat. Ce qu'il appelle sincérité est un dépouillement du moi, le miel pur (*sine cera*), l'être se livrant seul au souffle du verbe :

> Et que je sois absous pour mon âme sincère,
> Comme le fut Phryné pour son sincère nu. (I, 275)

L'œuvre de Laforgue se situe dans les zones hésitantes entre écrire et ne pas écrire : décalque du rien par un rien approximatif du langage. Les vers s'effacent au moment où ils se placent dans le texte, voulant et ne voulant pas être comme cet « Avant-dernier mot » (II, 32-33) — déjà annoncé par les poèmes dépouillés de Verlaine et avant lui par les vers de Hugo aux rythmes brefs de 2, 3, 4, 5 syllabes. Et pourtant, par la brièveté des vers mêmes, est transmise une attitude essentielle vis-à-vis du cosmos et des problèmes graves de toute existence ; néant approximatif pour signifier le néant devant la vie :

> L'Espace ?
> — Mon Cœur
> Y meurt
> Sans traces...
> En vérité, du haut des terrasses,
> Tout est bien sans cœur.
> La Femme ?
> — J'en sors,
> La mort
> Dans l'âme...
> En vérité, mieux ensemble on pâme
> Moins on est d'accord.
> Le Rêve ?
> — C'est bon
> Quand on
> L'achève...
> En vérité, la Vie est bien brève,
> Le Rêve bien long.
> Que faire
> Alors
> Du corps

> Qu'on gère ?
> En vérité, ô mes ans, que faire
> De ce riche corps ?
> Ceci,
> Cela,
> Par-ci
> Par-là...[9]
> En vérité, en vérité, voilà.
> Et pour le reste, que Tout m'ait en sa merci. (II,32-33)

Les exclamations qui sillonnent le texte — proches de celles de Verlaine, mais singulièrement augmentées — sont les jalons de la destruction du texte qui ne peut, ne veut pas être. Elles sont une défaite du sens ; répétées, constantes, elles sont le signe d'une déficience. La syntaxe est annulée pour faire place à ce qui se rapproche d'un certain gémissement :

> O triste antienne, as-tu pas fini ?...
> ...
> O les tournants des grandes routes !...
> ...
> O dégâts, ô nids, ô modestes jardinets... (II, 144-45)

Dans une seule phrase exclamative, est signifié le procès d'une existence. Il a fallu cette déficience syntaxique pour que soit proféré le sens de la nullité de toute vie, de toute chose :

> Ah ! que la Vie est quotidienne... (I, 138)
> Oh ! qu'il fait seul ! (I, 90)
> Oh ! que tout m'est accidentel ! (II, 103)
> Mon Dieu, qu'on est follement solitaire ! (I, 99)
> Oh ! j'ai-t-y l'âme perpétuelle ! (II, 103)

Le *re* est employé dans un sens itératif, mais dans un usage contraire aux règles proposées par le *Robert* par exemple. La composition des verbes avec *re* obéit aux nécessités de l'euphonie et de la clarté. On emploie *ravoir* (de avoir) mais non pas il *ra* (il ira encore) ; on ne dit pas il *rose*. Laforgue va au-devant de cette brisure de l'euphonie quand il écrit :

> Que nos bateaux sans fleurs *rerâlent* vers leurs ciels (I, 163)

La redondance est une autre déformation de la langue ; les termes s'annulent les uns les autres tout en renforçant le sens :

---

9. Cf. Verlaine : « Deçà, delà /Pareil à la /Feuille morte » (*Chanson d'automne*).

>   ...Mort
> Mourante ivre-morte ! (I, 66)
> N'arriver qu'ivre-mort de Moi-même à la mort (I, 269)

Appeler un poème « Aquarelle en cinq minutes », c'est préférer la poétique de l'instantané. Dans ce langage effrité s'insère un métalangage, un commentaire sur une écriture ayant de l'aquarelle le caractère flou, difficilement capté dans l'instant. Le thème « aquatique » influe sur la forme fluide de ce poème, aux rythmes irréguliers. L'épigraphe indique la brièveté comme une nécessité de ce poème particulier :

> Ophelia : T'is brief, my lord.
> Hamlet : As woman's love.

> Oh ! oh ! le temps se gâte.
> L'orage n'est pas loin.
> Voilà que l'on se hâte
>   De rentrer les foins !...
>   L'abscès perce !
>   V'là l'averse !
>   O grabuges
>   Les déluges !...
> Oh ! ces ribambelles
>   D'ombrelles !
> Oh ! cett' Nature
> En déconfiture !...
> Sur ma fenêtre,
> Un fuchsia
>   A l'air paria
> Se sent renaître... (II, 18-19)

Cette écriture devance les temps, annonciatrice d'une nouvelle poétique et beaucoup plus que celle qui était inaugurée par les nouveautés introduites par Hugo, Baudelaire, Mallarmé, Corbière, Verlaine et Rimbaud. Laforgue se débarrasse de l'acquis ; tout en se souvenant toutefois d'un bagage de poésie, de chansons — qu'il parodie ; son effort tend, et sans répit, vers le non-dit jusque-là. Il vise au surréel qu'il veut, paradoxalement, retenir sur la page :

> Je ne suis qu'un viveur lunaire
> Qui fait des ronds dans les bassins
> Et cela sans autre dessein
> Que devenir un légendaire
>   ...

> Ah ! oui, devenir légendaire
> Au seuil des siècles charlatans ! (I, 247)

Le texte qui prétend n'être rien assure pourtant fortement son autonomie dans un néant qu'il admet comme son seul but. Le texte s'affirme en dépit du sens et pourtant il n'y a aucune faiblesse dans ces aveux de rien. C'est avec vigueur qu'il force son écriture dans les voies de l'irréel, si bien qu'il atteint aux secrets du surréalisme :

> L'âme des hérons fous sanglote sur l'étang (I, 110)
> Le hoche-queue pépie aux écluses gelées (I, 110)

Des métaphores recherchées, des tournures insolites, des chocs visibles de rimes et d'allitérations forcées, créent un charme étrange :

> Dégringolant une vallée
> Heurter, dans les coquelicots,
> Une enfant bestiale et brûlée
> Qui suce, en blaguant les échos,
>   De jûteux abricots. (I, 113)
> Oui, les phares aspergent
> Les côtes en sanglots,
> Mais les volets sont clos
> Aux veilleuses des vierges,
>   Orgue au galop,
> Larmes des cierges ! (I, 115)

C'est vers l'alyrisme — qui devient un lyrisme particulier, nouveau — que tend souvent cette poésie. Laforgue ne vise pas au vers harmonieux ; au contraire, il le sape. Il recherche des discordances qui, dans leur contexte, acquièrent leur propre autonomie lyrique. Des vers quasi-imprononçables sont destinés à dire son désarroi, les chaos de la phrase transmettant le grincement de l'âme :

> Eux sucent des plis dont le frou-frou les suffoque (I, 71)
> Mais mon âme, qu'un cri un peu cru exacerbe (I, 231).

****

Les *Pierrots* forment une longue suite de poèmes qui en elle-même est signifiante. Laforgue trouve dans les clowns des équivalents du poète qui admet dans la poésie des appartenances à l'artificiel : « Je est un autre ». Paradoxalement, le poète s'assimile au maître de la pantomime qui est interprète de rôles muets par les gestes, les danses, l'expression du visage, mais à qui le langage est interdit. Ses Pierrots à lui prennent la parole. Ils ont leurs locutions à eux, qui n'ont rien de naturel mais semblent appartenir au monde du maquillage. Ici, le langage — quand Laforgue évoque les Pierrots et les fait parler — est comme arrêté dans son mouvement ; il se fige, il se farde ; les rythmes correspondent aux gestes du Pierrot. Effet de mimésis exceptionnel. Ceci était déjà présent, mais d'une manière relativement atténuée, dans les *Fêtes galantes* de Verlaine, mimique de l'artifice des fêtes, des amours, des paroles d'amour. Verlaine (comme nous avons déjà vu) est d'ailleurs le poète qui prédomine dans les strates des souvenirs littéraires de Laforgue, qu'il parodie et imite ouvertement.

Un texte tel que celui-ci nous éclaire sur le processus poétique qui, chez Laforgue entre autres, vise à reproduire l'artifice qui est la marque de son écriture même. Le langage est à la poursuite d'un indicible qui transgresse les lois de l'expression raisonnable et semble forcer le langage à autre chose que la seule signification par le verbe. Le texte joue sa comédie de clown ; les métaphores outrées sont son domaine, les rimes sont créatrices de sens étranges. Les premiers vers sont d'une telle rugosité — impossible de les lire « harmonieusement » — qu'ils suggèrent le statisme de l'artifice :

> C'est, sur un cou qui, raide, émerge
> D'une fraise empesée *idem*,
> Une face imberbe au *cold-cream*,
> Un air d'hydrocéphale asperge.
> Les yeux sont noyés de l'opium
> De l'indulgence universelle,
> La bouche clownesque ensorcèle
> Comme un singulier géranium.
> Bouche qui va du trou sans bonde
> Glacialement désopilé,
> Au transcendental en-allé
> Du souris vain de la Joconde. (I, 221)

Laforgue ne voulant entreprendre de se dire, se manifestant par le jeu de l'écriture, n'a pu créer qu'un être en voie de destruction, fait de contradictions et de négations. Le thème du titre est adopté comme en un mouvement naturel de métaphorisation de lui-même, dans ses audaces et ses irrévérences :

> Allez, ne jetez pas la pierre
> Aux blancs parias, aux purs pierrots ! (I, 226)

Laforgue salue en eux de multiples lui-mêmes, mais effacés dans ce jeu, « maquillés d'abandon » (I, 226). L'idée du multiple intervient dans les privilèges du poète : être tout sauf lui-même, être dans une apparence empruntée, le maquillage.[10] Le costume du Pierrot est une métonymie du poète s'oubliant dans l'irréel et le faste. La seule réalité qu'ils proclament est celle du néant, l'inutile présence de l'homme sur la terre. La vanité de son jeu contient une vue sur la vanité du monde et de l'au-delà. Vanité de tout sauf l'acte d'enregistrer le poème, cette autre vanité. Le pierrot-poète a le privilège du sacré et du frivole, égaux dans son jeu ; son ubiquité est son ambiguïté :

> Ils disent, d'un œil faisandé,
> Les manches très sacerdotales,
> Que ce bas monde de scandale
> N'est qu'un des mille coups de dé
> Du jeu que l'Idée et l'Amour,
> Afin sans doute de connaître
> Aussi leur propre raison d'être,
> Ont jugé bon de mettre au jour. (I, 227)

Le poète de l'universel, du cosmique, mais réduit à néant et traduisant cette nullité qu'il invente, fait faire à la langue des prouesses — jeux de mots, expressions idiomatiques mélangées :

> le beau rôle
> Est de vivre de but en blanc
> Et dût-on se battre les flancs,
> De hausser à tout les épaules. (I, 228)

Pierrot — le poète — s'élève au-dessus des valeurs connues et admises. Ce qui, au niveau de l'être qui se sonde et se voit selon les critères humains, serait : « J'entends battre mon cœur », perd ses privilèges de signification quand il est déformé dans l'optique du poète-clown par une déviation du sacré vers le sacrilège : « J'entends battre mon Sacré-Cœur ».(I, 246). L'inadéquation de

---

10. « Figure du masque sur le masque, Pierrot cristallise un imaginaire complexe : son visage enfariné symbolise l'écrivain qui n'écrit pas mais, comme le veut la chanson, 'prête sa plume', une poétique de l'absence (il cache son corps) et du silence (à la parolde il préfère la mine)... Tant de traits qui convergent, finalement, vers un effacement du sujet, vers un gommage de l'identité. Pierrot peut s'accommoder à tous les rôles, puisqu'aucun ne lui est dévolu ». Voir Jean-Pierre Bertrand, *Les Complaintes de Jules Laforgue : ironie et désenchantement*, Paris : Klincksieck, 1997, p. 151.

l'être exceptionnel qu'est le pierrot-poète se vérifie dans ses défaites d'amour qui peuvent passer pour des métaphores de l'impossibilité du poète dans le monde du réel, car sollicité par le faux qu'est l'écriture poétique par rapport à l'expérience. Chaque acte scriptural est moquerie, parodie du véritable être, fuite loin de soi. Le langage est maquillage, fait de locutions rares, recherchées. L'amour est d'avance anéanti dans cette course à l'irréel :

> Ah ! tout le long du cœur
> Un vieil ennui m'effleure...
> M'est avis qu'il est l'heure
> De renaître moqueur.
> Eh bien ? je t'ai blessée ?
> Ai-je eu le sanglot faux,
> Que tu prends cet air sot
> De *la Cruche cassée ?*
> Tout divague d'amour ;
> Tout, du cèdre à l'hysope,
> Sirote sa syncope ;
> J'ai fait un joli four.(I, 239)

La distance qui sépare le Pierrot et la femme est celle qui s'insère entre le poète et le poème. Il est tierce personne dans ce texte qui joue sur le thème de l'amour :

> En tête-à-tête avec la femme
> Ils ont toujours l'air d'être un tiers,
> Confondent demain avec hier,
> Et demandent *Rien* avec âme ! (I, 225)

Le cœur et ses droits sont contestés dans le jeu des vers :

> Ah ! par l'infini circonflexe
> De l'ogive où j'ahanne en croix,
> Vends-moi donc une bonne fois
> La raison d'être de Ton Sexe ! (I, 234)

A travers ces Pierrots, Laforgue transmet les sentiments d'un cœur tendre, mais que la vie a durci. Peu aimé, incompris, victime de cœurs froids, il exprime par les Pierrots la fausseté de sa vie sentimentale ; ce qu'il découvre de l'amour est le côté emprunté. Amour de Pierrot, joué, faussé, maquillé, mais qui affirme d'autant plus par là l'authenticité de sa poésie exceptionnelle.

Chapitre VII

SAINT-JOHN PERSE OU LE TEXTE DU TEXTE

Dans l'écriture persienne, fondée sur la croyance en un texte qui se proclame, les thèmes de départ, d'expédition à travers les terres, d'invasion, de conquête, de fondation, de gloire, traduisent une aventure foncièrement scripturale.[1] La nature de l'œuvre est telle qu'elle nous oblige avant tout à penser à son fonctionnement. De séduisants assemblages phoniques forcent le lecteur à une contemplation qui s'arrête sur elle-même. Malgré une apparente vanité quant au sens immédiat, le texte se situe parmi les hauts faits de la parole. Une voix est proférée et toute autorité lui est garantie. Ces proses, ces versets, signifient par l'ampleur de leur souffle, par la régularité de leur respiration.[2] Poésie lourde et en même temps aérée qui est une occupation affirmée de l'espace. Les lieux découverts — « Portes ouvertes sur les sables, portes ouvertes sur l'exil »[3] — figurent nettement, par leurs surfaces planes et sans fin, le vide qui prépare à la visitation de l'écriture, une possibilité d'extension qui est le privilège de la prose qui, d'après l'étymologie, est le discours qui va en avant. La nudité du lieu appelle le poème nul :

---

1. On a distingué une *Anabase* physique (expédition de migration à travers les grands espaces désertiques ou maritimes), spirituelle (mouvement intérieur de l'âme), poétique (surgissement du poème), humaine (aventures des hommes à travers les âges).

2. *Proses* que Thibaudet rapproche des *Chants de Maldoror* de Lautréamont, des *Illuminations* de Rimbaud, de *Connaissance de l'Est* de Claudel. *Verset*, qui est essentiellement le verset claudélien, avec la même plénitude rythmique et métaphorique, avec plus de retenue cependant dans l'exposé de l'image, dans la rigueur du thème.

3. Saint-John Perse.*Œuvres complètes*, Paris : Bibliothèque de la Pléiade, 1972, *Exil*, p. 123. La pagination sera indiquée désormais entre parenthèses.

> ... Et ce n'est point errer, ô Pérégrin,
> Que de convoiter l'aire la plus nue pour assembler aux syrtes de l'exil le grand poème né de rien, un grand poème fait de rien...
> (*Exil*, p. 124)

La qualité du poème réside dans le fait qu'il *est* par la volonté de se manifester. Le poète va jusqu'à nier son chant pour n'en garder que son élan initial, force vue dans sa fonction et non dans ses résultats :

> A nulles rives dédiée, à nulles pages confiée la pure amorce de ce chant... (*Exil*, p. 124)

Le désert est entré dans la vision du poète comme le lieu le plus pur d'une création potentielle.[4] Son aridité, sa stérilité sont la strate dépouillée et lumineuse d'une écriture difficile. Au moment de la souillure que constitue la mise en mots dans le milieu du vacant — donc disponibilité scripturale — intervient l'appel du néant qui est le comble de la plénitude, car absolu (*absolutus*), détaché, et qui s'associe pourtant positivement à un monde de déchéance, de disparition. L'écriture choisit ses lieux propres aux genèses, immédiatement métaphoriques de sa démarche, lieux où s'ébauchent les images qui n'ont pas précédé le texte, mais en sont plutôt issues.[5] Il existe une union étroite entre le thème du voyage qui n'est d'aucun temps et celui de l'écriture qui n'est d'aucun lieu, si ce n'est la page où agira la volonté du texte même. Posséder le monde, c'est, pour l'écrivain, y établir les fondements de son œuvre :

> ... j'augure bien du sol où j'ai fondé ma loi (*Anabase*, p. 149)

Tout, dans la vision immédiate du monde, est signe d'une approche pure ; la lumière qui y prédomine est bien celle qu'il y met, douée de sens métaphoriques quant au poème :

« Les armes au matin sont belles et la mer » :

---

4. Shlomo Elbaz (*Lectures d'Anabase de Saint-John Perse. Le désert, le désir*, Lausanne : L'Age d'homme, 1978.) fait remarquer que, dans la symbolique judéo-chrétienne, le désert est le lieu où l'homme est nettoyé, purifié, lavé de ses tares. Jean-Pierre Richard (*Onze études*. Paris : Seuil, 1964, p. 42-44) relève dans le désert l'aridité ou la rêverie du sec et de la maigreur, l'ascétisme de la pierre, de l'os et du sable, le vide, la nudité et la pureté.

5. A rapprocher de l'hiver « saison de l'art serein » de Mallarmé, des lieux désertiques à la fin de la production de Rimbaud, de l'hiver, saison de l'absolu pour le chrétien, dans le *Magnificat* de Claudel.

promesses du poème associé à la lumière du jour ;

« A nos chevaux livrée » :

entrée dans le texte, assimilée à une chevauchée ;

« la terre sans amandes » :

lieu désert, dépouillé de fruits, se prêtant donc à ce qu'inventera le poème ;

« ce ciel corruptible » :

à l'image de la page blanche ;

« puissance » du soleil :

force et lumière présidant aux éclosions, aux éveils ;

« la mer au matin comme une présomption de l'esprit » :

se soumettant aux volontés de possession et de créations de l'esprit. (*Anabase*, p. 93)

Peu d'écritures montrent plus clairement les marques de leur engendrement, car le thème en est la création qui ne procède de rien (si ce n'est la disponibilité essentielle de l'auteur), préparé par ses lectures, ses dons, son pouvoir d'invention. Autour du sème lumière/chaleur, se forment des grappes d'images qui prennent corps. L'idée de royauté est rattachée au fait glorieux d'écrire sans avoir d'autre sujet que soi-même ; conquête d'autant plus sûre qu'elle naît de la volonté du texte, conçu comme un rite :

> Et le matin pour nous mène son doigt d'augure parmi de saintes écritures. (*Exil*, p. 125)

Une espérance se chante sous des rassemblements de hasards dans lesquels le poète se conduit en chercheur, puis, le poème trouvé, en conquérant :

> J'épie au cirque le plus vaste l'élancement des signes les plus fastes[6] (*Exil*, p. 125) :
> « O vestiges, ô prémisses »,

---

6. La paronomase, c'est-à-dire l'emploi de mots phoniquement voisins, produisant des effets d'assonance et d'allitération, marque le passage d'un spectacle à la mise en texte : *vaste*, sans doute dans son sens premier — employé ainsi par Valéry — de *vide*, figure les lieux étendus de l'écriture possible, et *faste* indique la quête de ce qui est *favorable* à l'écriture.

Dit l'étranger parmi les sables, « toute chose au monde m'est nouvelle ! »... (*Exil*, p. 125)

Le poème est vu dans ses origines, ses possibilités concentrées et inexplorées. Exploitées, elles seraient un arrêt, alors que le poète souhaite des constantes de mouvement saisissable. Le texte se construit à force de remous, de vagues qui se renouvellent. Il s'agit de faire et non d'achever, de s'éprouver dans la construction même :

> Ainsi la ville fut fondée et placée au matin sous les labiales d'un nom pur. (*Anabase*, p. 98)

L'anonymat, préservant la fondation dans un état de pureté et de fraîcheur, reste le symbole d'une création qui veut laisser aux yeux de l'interprète le lieu vacant d'une démarche.

« Les campements s'annulent aux collines ! » (*Anabase*, p. 98) est une métaphore encore du processus poétique. Une fois le poème ébranlé, l'auteur n'a que faire des tentes figurant, dans notre exploration du texte, les idées flottantes abolies dans la forme durcie de l'œuvre, ce qui correspond, dans la construction des villes, au remplacement des campements par la pierre et le bronze. Le poète se purifie au-devant des poèmes qui lui ressembleront :

> Et nous qui sommes là sur les galeries de bois,
> tête nue et pieds nus dans la fraîcheur du monde...(*Anabase*, p. 98)

Le poète invente les milieux propres à son mythe. L'épopée se forme par la référence au « paon blanc du ciel », homonyme de « pan blanc », qui pourrait signifier page blanche, dont le poète, dans l'instantané de sa vision, voit toute la splendeur, espace prêt à l'invasion de son épopée particulière :

> Et les vaisseaux plus hauts qu'Ilion sous le paon blanc du ciel...
> (*Anabase*, p. 98)

Aux thèmes du désert, du matin, des naissances et renaissances, se rattache aussi celui de l'exil. Eprouvé par Saint-John Perse au niveau de l'expérience, il le situe et le transpose dans un désert fictif, lieu éloigné du monde, strate susceptible d'être porteuse d'œuvres.[7] Le poème d'exil se souhaite à travers les dédales des

---

7. A rapprocher des œuvres d'autres exilés, poètes d'origine française, mais nés à l'étranger et revenus en France : Lautréamont, Laforgue — que Perse appréciait entre tous — sans oublier Hugo, né en France, mais qui devient l'exilé de Jersey et Guernesey.

hasards cherchant une direction, qui, à chaque pas, s'anéantit et recommence. Exil veut dire appartenance aux voix qui se clament dans leur propre solitude, aux miracles de l'instant, qui sont à l'image (réduite) de tant d'autres à découvrir :

> les tambours de l'exil éveillent aux frontières
> l'éternité qui bâille sur les sables. (*Anabase*, p. 94)

Exil signifie ainsi ouverture, garantie d'étendues scripturales.

Le titre *Exil* surgit comme un éclair, phoniquement parent d'*Eloges*, le premier recueil de Perse. Eloge de l'Exil : deux constantes rassemblées par deux temps de sa production. Comme pour Hugo, l'œuvre de l'exilé est marquée d'un sens de conquête du poétique : endroit privilégié où naissent, dans la vacuité que représente l'éloignement du pays natal, des chants que n'encombre pas la nécesité de participer à une situation présente. L'Etranger — c'est ainsi que Perse se nomme même avant son exil — trouve dans le désert le lieu de son esthétique, ce vide, ce rien emblématique d'une création menée selon un désir de pureté :

> Ma gloire est sur les sables ! ma gloire est sur les sables !...(*Exil*, p. 124)
> J'ai fondé sur l'abîme et l'embrun et la fumée des sables. Je me coucherai dans les citernes et dans les vaisseaux creux.
> En tous lieux vains et fades où gît le goût de la grandeur. (*Exil*, p. 124)

Perse avoue nettement le processus de son écriture par la « clameur » dont il salue l'omniprésence :

> « ... Toujours il y eut cette clameur, toujours il y eut cette fureur,
> « Et ce très haut ressac au comble de l'accès, toujours, au faîte du désir, la même mouette sur son aile, la même mouette sur son aire, à tire-d'aile ralliant les stances de l'exil, et sur toutes grèves de ce monde, du même souffle proférée, la même plainte sans mesure
> « A la poursuite, sur les sables, de mon âme numide...» (*Exil*, p. 126)

Une voix cherche un sujet qui traduise un certain éréthisme, force exaspérée qui, au lieu de s'employer sur un thème choisi, ne trouve à dire qu'elle-même, dans l'immédiat leitmotiv qui nous avertit que tout sera justifié parce que soumis aux exigences d'une déclamation. Les anaphores articulent le discours, d'un dynamisme avoué car admises comme armature nécessaire au texte naissant de lui-même, et cette autonomie est trahie, quant à l'engendrement scriptural, par les glissements de sens et de sons, unis par l'assonance (*faîte, mouette, elle, aire, tire-d'aile, grèves*), ramenant ainsi la signification à des prouesses de langage.[8]

Peut-on exprimer plus clairement la volonté de « dire », de se manifester par l'impératif du langage, sans avoir quelque chose à dire ? Plus la parole est intense, plus elle révèle — et cela pourrait bien être le défaut de la splendide cuirasse — une vacance quant à l'imitation d'un sujet adopté et existant. L'intention, ainsi que l'attention du poète, sont extrêmes ; par ses forces dirigées et contrôlées, l'œuvre formule une poétique que le texte ne fait qu'illustrer par chacune de ses assises. Ce que l'auteur ressent d'abord et surtout, c'est la revendication d'une parole possible, qui semble geindre avant de signifier : le mot a un pouvoir que le poète voudrait maintenir dans toute son intégrité, force qu'il tient à garder intacte.

Un fond de paroles existe, réserve inépuisable de vocables à l'affût d'une mise en sens, force ancienne en quête de nouvelles fonctions. Au bord du silence, voici l'empire des voix à naître :

> « Une seule et longue phrase sans césure à jamais inintelligible...
> (*Exil*, p. 126)

Ainsi le poète vise à traduire un schème, à nous introduire dans la constatation du mouvement pur : il indique le lieu du chant, il en suggère l'autonomie, reléguant à d'autres temps les privilèges de la signification :

> Sifflez, ô frondes par le monde, chantez, ô conques sur les eaux !
> (p. 124)
> Puissance, tu chantais sur nos routes splendides !... (*Anabase*, p. 93)

Les versets de Saint-John Perse ne s'imposent pas de stricte limite ; plus imprévus et plus souples que l'alexandrin, ils gardent en eux pourtant une volonté d'augmentation rythmée. Perse ne

---

8. Alors que l'anaphore constitue souvent chez Hugo la charpente du poème et la signature de sa progression, où elle est évidente, indispensable, elle témoigne aussi d'un texte en travail qui, plutôt que de propager immédiatement un sens, se cherche et se justifie dans ses errances. L'anaphore est un des moyens de procrastination les plus courants. Le poète accorde la durée au thème ; son essor et son développement encouragent l'ambiguïté quant à la solution ; la disposition du texte annonce une conclusion, une pointe, tout en la retardant.

s'attache pas aux réussites de son entreprise, pour s'en tenir aux promesses indéterminées des terres « arables ». Il ne se soucie pas d'assises finales et fondamentales, mais plutôt d'un futur à deviner et désirer. L'action principale est un départ : il s'agit de vastes espaces à conquérir et l'exil est maître d'écriture. Le navigateur va sans cesse au-devant de nouvelles terres, laissant derrière lui ce qu'il a bâti pour construire ailleurs ; œuvre entre toutes exigeante :

> Terre arable du songe ! Qui parle de bâtir ?— J'ai vu la terre distribuée en de vastes espaces et sa pensée n'est point distraite du navigateur. (*Anabase*, p. 114)

La clameur précède la mise en texte d'un sujet ; elle le suscite, d'abord sans le nommer et devient, par sa force et sa toute-puissance, auteur d'une histoire, celle qui est produite par l'ampleur de la voix, cette ampleur même appelant un motif d'une certaine dignité. Un mythe se dessine ainsi ; l'ampleur est *comme* ce qui forme le tissu de l'histoire et du mythe. Telle sera l'épopée persienne : non pas raconteuse de faits, mais placée en dehors du mouvement événementiel, métalangage de ces faits, signifiant épopée de la voix, exaltation du sujet « clameur » :

> « Et comme un haut fait d'armes en marche par le monde, comme un dénombrement d'un peuple en exode, comme une fondation d'empires par tumulte prétorien, ha ! comme un gonflement de lèvres sur la naissance des grands Livres.
> « Cette grande chose sourde par le monde et qui s'accroît soudain comme une ébriété. (*Exil*, p. 126)

L'épique est compromis dans son vouloir narratif par une certaine obscurité que Perse préfère à un sens évident, visible et traduisible. C'est à travers des couches épaisses d'images qu'il surgira, comme d'une source souterraine, par le nombre d'évocations de peuples, d'hommes divers, dont le poète se dit secrètement le chef, suscitant des foules de tous les temps, car d'aucun, émergeant dans la fraîcheur des nouveaux mythes, mais toujours commentés, vus dans leur réalité de thème autonome :

> Au point sensible de mon front où le poème s'établit, j'inscris ce chant de tout un peuple, le plus ivre, à nos chantiers tirant d'immortelles carènes ! (*Anabase*, p. 94)

Dans la fondation de la ville *d'Anabase* se résume son entreprise : la construction de « pierre et bronze » est une claire métaphore de l'œuvre qui vise à la durée, dont les matériaux (images concrètes, paroles massives) proclament une notion de noblesse. Par un échange mimétique entre sens et son, la phrase s'alourdit de métaphores puisées à la mine de métaphores que constitue l'univers. Le considérant comme son domaine, le poète vise à en donner un reflet et à reproduire l'idée de son opulence. Des maximes sont articulées, auxquelles se suspendent des images, des détails insolites, les mots d'un lexique rare.

L'éloge est, chez Perse, une force dirigeante, la proclamation de la voix conquérante, la volonté de tout embrasser par le chant :

> C'est là le train du monde et je n'ai que du bien à en dire — (*Anabase*, p. 98)

Adopter le genre « éloge », c'est avouer l'intention de reproduire l'élan épique. Choisir l'exclamation comme moyen élémentaire de projection du texte, c'est annihiler les complexités syntaxiques pour que subsiste l'idée d'un souffle soulevant la masse du poème qui se forme, s'affirmant dans une certaine vacuité du sens. A travers les couches de phrases accumulées les unes sur les autres s'affirme un dessein d'ordre sensuel, la dépendance donc du réel dans le réseau du poétique. Mais, parallèlement, puisque la raison intervient dans l'organisation du matériau, il se fait une épuration ; une nouvelle autorité est admise par la voie de la transposition textuelle :

> Tu ne te tairas point, clameur ! que je n'aie dépouillé sur les sables toute allégeance humaine. (*Exil*, p. 127)

L'assimilation du charme physique au chant poétique, les voluptés terrestres agissant comme métaphores des plaisirs poétiques, assurent ainsi le statut du poème que Perse conçoit comme un événement qui ne soit pas d'abord livresque, dépendant de souvenirs de livres, appartenant à une culture. La seule intertextualité qu'il eût admise consciemment était celle qui se produit à l'intérieur de ses œuvres diverses. Paradoxe si l'on veut chez ce poète dont l'œuvre est si manifestement de teneur « littéraire », proposant fortement une réalité de livre :

> « Toute chose à naître s'horripile à l'orient du monde, toute chair naissante exulte aux premiers feux du jour !
> « Et voici qu'il s'élève une rumeur plus vaste par le monde, comme une insurrection de l'âme... (*Exil*, p. 127)

L'énumération, élément moteur essentiel chez Hugo, Claudel,

par exemple, l'est également chez Saint-John Perse.[9] Elle appartient à la démarche de poètes qui se savent au centre d'un univers opulent, dont ils veulent rendre compte par le nombre agissant dans ces figures parentes : la répétition, l'anaphore, l'hyperbole, l'antithèse. Les images reprises et continuées, les maximes redites, les leitmotive partout comme en un orchestre, témoignent d'un désir de reproduire la magnificence par le souffle poétique. Cette volonté de rivaliser avec l'univers se voit dans le matériau du tissage (texte) qui se forme de semblables éléments phoniques et sémantiques, signifiant par leur nombre et leur épaisseur. Le poète « enfonce son sens », selon l'expression de Montaigne, et le texte se soumet à ses volontés d'insistance et de manie du pluriel, en procédant par amas de couches, par ondulations, par sursauts. Le thème une fois lancé est sans cesse modulé, repris, complété. Ce sens profond de « reproduction » d'un monde nombreux augmente le texte qui se cherche et qui n'est pas destiné à promouvoir une signification nettement définie, des idées qui devraient leur origine à une excessive subtilité, des thèmes qui ne vaudraient que par leur variété.[10] Les « gens » parmi lesquels Perse se situe par ses textes — accompagnement de son chant de solitaire, augmentation de ses terrains propres au lyrisme — assument une figure de mythes et prennent corps dans l'épaisseur de l'écriture ; idées d'hommes entrant, en leur plus simple et élémentaire stature, dans le mouvement de l'épopée :

> ô gens de peu de poids dans la mémoire de ces lieux... (*Anabase*, p. 94).

---

9. L'énumération est par contre — et en tout cas partiellement — condamnée chez des poètes tels que Mallarmé, Verlaine, le Rimbaud de la fin, chez qui la suppression de la répétition indique une poétique restreignante de suggestion. L'énumération est en soi l'aveu d'une poétique fondée sur la référence au nombre, à la quantité créant une image de fécondité, coïncidant avec une idée de poésie abondante, universelle, visant à une possession englobante de l'univers. Dans un effort de mimésis, l'auteur veut se hausser vers le sublime. Le martèlement des expressions énumérées ne fait que rythmer une pulsation essentielle. Son usage franc et outré révèle, chez le poète, une volonté d'amplification, d'»éloquence ». Le refus de l'énumération — chez Mallarmé entre autres — manifeste le désir d'une difficulté qui se résume dans l'emploi de la litote, dans le resserrement du sens et une expression dépouillée.

10. Roger Caillois, dans sa *Poétique de St-John Perse* (Paris : Gallimard, 1972, p. 59), parle ainsi de la dynamique constructrice de l'écriture persienne : « Il juxtapose, il énumère, il assemble... Dès lors, le problème capital de sa poétique est précisément celui des connexions. Comment réunir solidement le disparate. Rendre comme immuable le voisinage de ce qui jamais ne fut rapproché ? Cet art fondé sur la relation et qui en établit sans cesse, a besoin à la fois que toutes soient inusitées et qu'aucune ne semble fragile ou arbitraire ».

L'œuvre qui se poursuit leur assure une exceptionnelle densité : êtres en marche, pionniers, conquérants — les hommes qu'il associe à son aventure et nommés en abondance dans *Anabase* (p. 111-13), *Exil* (p. 132-35) sont plus que des personnages ; ils sont des équivalents fragmentés du poète. Les moments des actions de ces nombreux ouvriers sont propres à l'exercice indéterminé du poétique, moments nuls, vains, en suspens dans le temps, normes du mythe :

> à la mi-nuit
> entre deux guerres
> avant le jour
> ... et c'est Dimanche sur les seigles, à l'heure de grande cécité...
> un peu après-midi, à l'heure de la grande viduité...
> ... c'est un peu après minuit,
> à l'heure de la grande opacité... (*Exil*, p. 132)

L'auteur du texte est représenté par les bâtisseurs de la ville fictive :

> Les fondateurs d'asiles s'arrêtent sous un arbre et les idées leur viennent pour le choix des terrains. Ils m'enseignent le sens et la destination des bâtiments... (*Anabase*, p. 99)

Parallèlement — autrement que par les métaphores plus ou moins distantes qui le désignent, sans le figer dans une définition — le poète paraît tout-puissant, résumant tous les fondateurs, tous les bâtisseurs, seul dans cette ville qui se fonde, isolé car porteur de l'œuvre qui ne provient que de lui-même :

> Et déjà par les rues un homme chantait seul, de ceux qui peignent sur leur front le chiffre de leur Dieu. (*Anabase*, p. 99)
> Duc d'un peuple d'images à conduire aux Mers Mortes... (*Anabase*, p. 100)
> Que j'aille seul avec les souffles de la nuit, parmi les Princes pamphlétaires... (*Anabase*, p. 100)

L'organisation du chant nous autorise à croire que ces énumérations ont été concertées, d'une part pour étaler dans le texte des équivalents du poète amateur d'insolite, de préciosité ; d'autre part, pour préparer, dramatiquement, par la temporisation, l'entrée en scène du Poète lui-même, celui qui les domine tous car il les chante. Par là, il affirme son pouvoir, un don exceptionnel dans la création de l'anormal, du magique. Dans le contexte de l'énumération, le *Conteur* rejoint le *Compteur* dont l'étymologie est, comme on le sait, la même (*computare*) : «... ha ! toutes sortes d'hommes dans leurs voies et façons, et soudain ! apparu dans ses vêtements du soir et tranchant à la ronde toutes questions de préséance, le Conteur qui prend place au pied du térébinthe...» (*Anabase*, p. 113).

Le poète-compteur se manifeste directement et clairement :
1. dans l'énumération même ;
2. dans l'abondance des métiers évoqués et de ceux qui n'en ont pas, mais dont le sens négatif se charge d'un cœfficient positif dans la suite du texte, ornant également l'espace du livre ;
3. dans la quantité des particularités, dites dans un lexique recherché, qui arrête le mouvement de la lecture et ouvre les allées de l'ambiguïté, moyen indéniable de l'augmentation du texte ;
4. par la présence de nombreuses images et expressions d'ordre mercantile : le péager, les marchands de sucre, celui qui a déployé sur le sol ses tables à calcul, etc. (*Anabase*, p. 112).
5. par la référence au travail spécialisé de la généalogie ; le Compteur/Conteur intervient pour attester « toute chose dans son ombre et le mérite de son âge » (*Anabase*, p. 100).
6. par l'autonomie assurée de chaque être mentionné dans un fragment souvent minime du texte, mais gagnant, par ce resserrement, plus d'intensité. Chacun signifie par ses idiosyncrasies, impose une présence, résume en quelques vocables une attitude qui peut s'inscrire dans la contemplation du cosmique, chacun étant membre d'une société fictive, anonyme et étrange, et n'ayant de réalité qu'au niveau de la fantaisie :

> ceux qui peignent en sifflant des coffrets en plein air
> l'homme au bâton d'ivoire
> l'homme à la chaise de rotin
> l'ermite orné de mains de fille
> le guerrier licencié qui a planté sa lance sur son seuil pour attacher un singe (*Anabase*, p. 113)[11]

Des inventeurs, par l'insolite de leurs recherches, acquièrent un statut de poète, vus dans leurs actions et leurs attributs étranges ;

---

11. Une comparaison est possible avec les êtres extravagants dont La Bruyère fait des « caractères » : l'amateur d'oiseaux, de prunes, de tulipes, etc. Toute une vie, dans cette optique du styliste autant que du moraliste, est réduite à un rien qui devient obsessionnel, se prêtant par là aux intentions d'un auteur à l'affût du très particulier, par lequel se transmet une leçon universelle, celle, par exemple, de la folie humaine. Voir à ce sujet Floyd Gray, *La Bruyère amateur de caractères*, Paris : Nizet, 1986.

l'ouvrier est signalé sans grand but si ce n'est d'avouer son identité. Les images mercantiles sont ainsi un leurre, puisqu'elles ne peuvent s'appliquer au réel, mais exaltant par contre les pouvoirs du poète. Si ces autres « princes de l'exil » (*Exil*, p. 134) n'ont que faire de son chant, c'est que chacun proclame le sien, qui est geste, qui est texte.

Ces évocations, qui signifient par leur quantité, proviennent d'une évidente prise de possession, par le verbe, non pas d'une vision que Perse aurait pu avoir, avant le texte, de ces êtres particuliers, mais d'une manipulation d'idées rares, de détails hétéroclites, de sons curieusement agencés, d'un mélange du quotidien et de l'exceptionnel — *l'agriculteur et l'adalingue, l'acuponcteur et saunier*, etc. (*Anabase*, p. 112). Le pratique rejoint le contemplatif, l'exceptionnel se revêt des privilèges de l'universel.

Le poète n'a d'avantage sur « l'homme de nul métier », «celui qui ne fait rien », « celui qui mange des beignets, des vers de palmes, des framboises » que celui de les enregistrer. L'homme est limité chaque fois à un signe exclusif : il n'est que le témoin de sa nullité et de sa simplification extrême. Il est évident qu'une telle écriture attire l'attention sur sa facture, tant le singulier s'impose, marqué, dès sa dénomination, de fragilité, voire de non-sens :

> marchands de sucre, de cannelle, de coupes à boire en métal blanc et de lampes de corne
> celui qui taille...des boutons en forme d'olives
> celui qui trouve son emploi dans la contemplation d'une pierre verte
> celui qui rêve d'un poivron
> celui qui aime le goût de l'estragon (*Anabase*, p. 112)
> les ramassseurs de cailles dans les plis des terrains (*Anabase*, p. 113)
> celui qu'éveille en mer, sous le vent d'une île basse, le parfum de sécheresse d'une petite immortelle des sables (*Exil*, p. 132)

Les amateurs du particulier rejoignent ceux qui, dominés par une pensée, possesseurs d'une science, participent à la recherche du poète, en sont les décalques — savants, analystes, auteurs de faits glorieux, purifiants, civilisateurs :

> *flaireurs* de signes, de semences
> *confesseurs* de souffles en Ouest
> *suiveurs* de pistes, de saisons
> *chercheurs* de points d'eau sur l'écorce du monde

chercheurs...trouveurs de raisons pour s'en aller ailleurs (*Anabase*, p. 94)
Celui qui erre...sur les galeries de pierre pour *estimer* les titres d'une belle comète
celui qui *veille*...à la pureté de grandes lentilles de cristal (*Anabase*, p. 132).

D'autres métaphores situent davantage le poète dans son rôle, dans ses quêtes et ses rites. Des hommes de sciences recherchées viennent compléter l'idée du poète, amateur de tout mystère et de toute compréhension :

ô Saisisseur de glaives à l'aurore ! (*Exil*, p. 127)

image dans laquelle se précise le privilège du « Prince de l'exil », son travail étant proche de l'action guerrière et du maniement du *stilus* dans les moments de genèse figurés par l'aurore ; et

O Manieur d'aigles par leurs angles ! (*Exil*, p. 127)

ce qui traduit, dans un évident jeu de mots, le travail éliminateur de hasards et le processus de mise en ordre, la poésie/mathématique assagissant les mouvements du vol de l'aigle pour se soumettre à la discipline des angles. Les parentés phoniques établissent des glissements de sons qui se réduisent en sens. La malléabilité est une des conditions de cette écriture, dépendant de ses propres méandres.

Le poète s'entoure — plus qu'il n'est entouré — de voix indistinctes qui le sollicitent, qu'il encourage à le solliciter : présences de foules, d'êtres qui sont indistinctement des reflets ou prolongations de lui-même en tant qu'écrivain. L'acte d'écrire est associé, mais par le détour de l'indétermination, à des visites mystérieuses de femmes.[12] Les nuits « où tant de souffles s'égarèrent au carrefour des chambres » (*Exil*, p. 128) sont de celles où les possibilités d'appel de l'amour sont confondues avec les rencontres de voix qui font des poèmes. Les femmes sont annonciatrices de paroles. Perse ne les appelle pas Muses, ce qui le replongerait dans le traditionnel et la science provenant de lectures dont il veut se détacher ; ces femmes errantes dans le vague des nuits sont là pour signifier par leur corps des voix, formes indéfinies d'un dialogue qui se cherche :

---

12. Ces filles sont successivement désignées : grande fille répudiée, grande fille mal-aimée, Partout-errante, Mendiante, servante, courtisane chez les prêtres, etc.

> Et qui donc avant l'aube erre aux confins du monde avec ce cri pour moi ? (*Exil*, p. 128)

Ces présences sont vite effacées pour ouvrir le chemin au neuf, au non-dit. Elles participent au rite du poète tout en le fuyant, ne sont que des manières diverses de dire l'adhérence au poétique ainsi que son refus. Le poète se démène dans un lieu de vaines ou d'heureuses séductions où naissent les moires du songe ou du demi-sommeil :

> ... Et vous, que pensez-vous encore tirer de ma lèvre vivante,
> O force errante sur mon seuil, ô Mendiante dans nos voies et sur les traces du Prodigue ? (*Exil*, p. 127)

L'acte poétique est une joute entre le pur et l'impur. A la nuit semble être confiée la copulation, condamnée aux lueurs du matin ; parallèlement, au niveau du scriptural, les essais dans la nuit aboutissent à des échecs et des déchets qui, après les ombres de la nuit, disparaissent sous la lumière. Le matin, moment de la conscience lucide du poète, est purificateur, alors que la nuit était faite d'alliances lascives, de rêves vagues :

> ... Quelle grande fille répudiée s'en fut au sifflement de l'aile visiter d'autres seuils...? (*Exil*, p. 128)
> Et les poèmes de la nuit avant l'aurore répudiés
> ... l'épouse nocturne avant l'aurore reconduite. (*Exil*, p. 129)
> Et c'est l'heure, ô Mendiante, où...
> L'officiant ... efface, à grand renfort de manches, l'affleurement des signes illicites de la nuit. (*Exil*, p. 129)

Voici, dans la poésie française, un des aveux les plus nets du poème qui se voit dans ses naissances, ses fuites, la constatation de ses limites comme de ses croyances. Il peut se faire de ce qu'il y a de plus léger ; le chant s'élève au-dessus de toute lourdeur et trouve sa force et sa substance dans sa futilité :

> Et de toute chose ailée dont vous n'avez usage, me composant un pur langage sans office,
> Voici que j'ai dessein encore d'un grand poème délébile. (*Exil*, p. 129)

Le souffle, le vent, fréquemment évoqués par Perse — un recueil entier s'appelle *Vents* — sont la reconnaissance de ce qui entraîne et soulève le texte. Les versets, comme ceux de Claudel, correspondent aux moments de la respiration. A un sens positif de mouvement progressif, s'associent la légèreté et la futilité comprises dans « vain », « van » et « vent », trois mots que Perse lui-même rassemble, selon son goût de l'homophonie et qui, au moment où, dans un jeu de faciles fricatives, ils proposent un sens positif d'écriture : « vent » signifie souffle poétique, « van » le tri compris dans l'acte de l'écriture et « vain » le vide précédant toute création :

> Ah ! toutes choses vaines au van de la mémoire...(*Exil*, p. 129)
> « Et que toutes choses au monde lui soient vaines, c'est ce qu'un soir, au bord du monde, nous contèrent
> « Les milices du vent dans les sables d'exil... (*Exil*, p. 124)

Parallèlement aux thèmes constructeurs du poème — ceux qu'emporte le mouvement exalté de la phrase, mue par un désir d'éloge — se dessinent, au moment même de l'écriture, des indices de déliquescence. Le texte s'amorce pour l'admission de sa nullité, car rongé, au moment où il va se mouvoir, par le sens de l'inutilité de tout geste. Curieuse entreprise que cette écriture positive, héroïque dans sa démarche, mais qui tient compte de ses effacements possibles ; écrite, elle s'imagine désécrite, pense son effondrement, se voit dans sa disparition. Le silence, équivalent de la page blanche qui en est l'emblème, paraît à l'auteur comme le chant le plus plein. Les mots splendides et irrésistibles surgissent alors dans cette optique purifiante, comme l'indice d'une souillure. L'écriture, se gravant dans la page, se souhaite effleurement de papier, émergence en une ligne nette, à peine posée :

> Renverse, ô scribe, sur la table des grèves, du revers de ton style[13] la cire empreinte du mot vain. (*Exil*, p. 128)

L'œuvre se fait et se défait, subsistant par sa fragilité et son vertige, n'ayant rien à dire que cela ; dire mais sans qu'une signification trop évidente vienne détruire la netteté du geste lexical et métaphorique. La cire du scribe apparaît dans cette perspective comme une métaphore de l'écriture qui se renouvelle en s'anéantissant. Les mots prononcés, écrits, sont vains, car la naissance d'autres mots les appelle, aussi voués d'avance à une inévitable vanité.La démarche de Perse indique un sens de la fragilité d'une écriture dépendant de hasards et retournant au hasard. Il ne veut garder d'elle que le souvenir de son passage, sa participation à une

---

13. *Style* employé ici évidemment dans son sens étymologique de « poinçon qui sert à écrire » (*stilus*).

gestuelle. Les poèmes les plus écrits sont voués à une destruction qui fera place à des lieux d'une nouvelle netteté :

> Les eaux du large laveront, les eaux du large sur nos tables, les plus beaux chiffres de l'année. (*Exil*, p. 129)

Miracle et scandale de cette écriture : prospère, glorieuse, et pourtant consciente de sa ténuité et voyant en elle un sujet propre aux résurgences du texte. Brûler, effacer, enlever : toutes ces actions de destruction équivalent à une construction. Toute naissance est précédée d'un souci d'épuration. Le néant évoqué n'est autre que la strate la plus « lavée » où s'introduisent les genèses :

> Ah ! qu'on brûle, ah ! qu'on brûle, à la pointe des sables, tout ce débris de plume, d'ongles, de chevelures peintes et de toiles impures,
>
> Et les poèmes nés d'hier, ah ! les poèmes nés un soir à la fourche de l'éclair, il en est comme de la cendre au lait des femmes, trace infime...
>
> Et de toute chose ailée dont vous n'avez usage, me composant un pur langage sans office (*Exil*, p. 129)

Ce thème négatif, qu'il semble accuser, devient le domaine de son pouvoir, un encouragement à une action :

> Et soudain tout m'est force et présence, où fume encore le thème du néant (*Exil*, p. 127)

S'il y a chez Perse une recherche de la nudité, c'est qu'elle est refuge de clarté : dessiner dans les terrains des végétations obscures la ligne du vers purificateur. Ses songes d'épopée trouvent pour leur prétendue défaite les tombeaux les plus somptueux, ceux qu'érige la phrase :

> « Où vont les sables à leur chant s'en vont les Princes de l'exil,
> « Où furent les voiles haut tendues s'en va l'épave plus soyeuse qu'un songe de luthier,
> « Où furent les grandes actions de guerre déjà blanchit la mâchoire d'âne,
> « Et la mer à la ronde roule son bruit de crânes sur les grèves (*Exil*, p.124)

Le dénuement que le poète imagine :

> « ... Comme celui qui se dévêt à la vue de la mer...
> « Les mains plus nues qu'à ma naissance et la lèvre plus libre...
> « Me voici restitué à ma rive natale... (*Exil*, p. 130)

agit encore, grâce au contexte d'*Exil*, comme une métaphore du poète se libérant des contingences pour être plus disponible à son écriture ; les biographes pourraient y voir un effort, de la part de celui qui avait été exilé dans de tragiques circonstances, pour oublier ce que le présent avait mis comme obstacle sur son chemin et ne croire qu'aux vérités indépendantes du temps, ne s'attacher qu'aux valeurs stables :

> Il n'est d'histoire que de l'âme, il n'est d'aisance que de l'âme. (p. *Exil*, 130)

C'est également l'aveu du poète qui, malgré les événements, s'isole dans les champs de l'œuvre qu'il rêve. La vie est, dans cette optique, tout entière résumée dans l'instant, dans le sentiment de la vie nue, exprimée, entre autres, avant Perse, par Montaigne et Gide :

> « Avec l'achaine, l'anophèle, avec les chaumes et les sables, avec les choses les plus frêles, avec les choses les plus vaines, la simple chose, la simple chose, la simple chose que voilà, la simple chose d'être là, dans l'écoulement du jour. (*Exil*, p. 130)

Cette tendance vers l'infiniment détaillé et particularisé, vers le minime, marquant les limites du néant, pourrait signifier, au niveau sémantique, des signes de mort prévue, une attitude de résignation sur la fuite des jours, mais, au niveau de l'écriture, le retour à un état de vide qui est une autre genèse, la recherche de la table rase, de la page se prêtant à de nouveaux affleurements de sens :

> « Sur les squelettes d'oiseaux nains s'en va l'enfance de ce jour...et plus légère que l'enfance de ce jour... et plus légère que l'enfance sur ses os creux de mouette, de guifette, la brise enchante les eaux filles en vêtements d'écailles pour les îles... (*Exil*, p. 130)

Quand le poète s'exclame :

> « Mais qu'est-ce là, oh ! qu'est-ce là, en toute chose, qui soudain fait défaut ?... (*Exil*, p. 130)

il relève un manque qui découvre les étendues vides de l'instant. Le thème peut ne pas être la recherche du poème, mais plutôt le poème menaçant de naître, éclosant dans l'incertitude de ses destins. Naître ou n'être ?—c'est sur ce pivot que joue l'œuvre qui se cherche tout en se sachant trouvée et dans cette recherche même.

Dans toute l'œuvre, il y a des rappels, des constantes qui sont le chant de ce qui a déjà été dit, l'admission du « même », l'aveu d'une carence essentielle de motifs fructifiants auxquels croirait l'auteur. Voici, par exemple, *Pluies*, qui assure, par l'insistance des anaphores, le cœfficient positif de ce néant toujours présent à ses yeux, dont le sens n'est pas du domaine du philosophe devant un vide de vie, mais plutôt du poète devant un renouvellement de puissance, néant qui s'affirme avec une vigueur contradictoire et qui entraîne dans son mouvement destructeur tout acte scriptural. Où trouver une manifestation plus flagrante d'une écriture qui crée automatiquement un métalangage annihilant ?

> « O Pluies ! lavez au cœur de l'homme les plus beaux dits de l'homme : les plus belles sentences, les plus belles séquences ; les phrases les mieux faites, les pages les mieux nées. Lavez, lavez, au cœur des hommes, leur goût de cantilènes, d'élégies, leur goût de villanelles et de rondeaux ; leurs grands bonheurs d'expression ; lavez le sel de l'atticisme et le miel de l'euphuisme, lavez, lavez la literie du songe et la litière du savoir : au cœur de l'homme sans refus, au cœur de l'homme sans dégoût, lavez, lavez, ô Pluies ! les plus beaux dons de l'homme...au cœur des hommes les mieux doués pour les grandes œuvres de raison. (*Pluies*, p. 151)

En plein poème, voici donc la guerre déclarée à la rhétorique qui a été et devrait être encore la base même de sa structure dynamique. En fait, on ne pourrait pas être plus éloquent que Perse dans ces condamnations des « grands bonheurs d'expression ». Tout en clamant qu'il voue au « lavage » des pluies « les plus beaux dits de l'homme », il se réfère de toute évidence à ses « beaux dits », à sa manière de draper le sens d'un manteau somptueux qui le dépasse au point d'obliger le lecteur (et le poète d'abord) à la contemplation d'une forme. Mais, au moment où Perse imagine et prétend cette volonté de destruction, voici que déferle un autre exemple de cette volonté de rareté, d'éblouissante rhétorique. C'est, au cours de la répétition, la référence précise à certaines formes de beauté scripturale, auxquelles le poète donne vie par une désignation particulièrement recherchée : « les plus belles sentences », etc. (*Anabase*, p. 151).

La négation est promue au stade de la présence scripturale ; au vide de sens s'ajoute un statut d'ornement, de préciosité.[14] Le sens

---

14. Préciosité qui se caractérise par des recherches lexicales, stylistiques et rhétoriques dans l'intention de voiler le réel, d'engendrer l'ambiguïté, par la périphrase, la métaphore insolite, une syntaxe étudiée.

s'efface dans une accumulation voulue de l'insolite qui retient l'attention du lecteur, une facture, témoignant d'un artisan à l'œuvre. Sa manière est manie, si bien que le texte se fait parfois tort à lui-même, révélant ses secrets qui agissent comme failles à sa signification. Les nécessités de déchiffrement lexical limitent les moyens de rayonnement du sens, le lecteur étant arrêté devant la difficulté ou l'étrangeté du détail. Relevons, dans un espace limité, les éléments de distraction dans la forme du poème, où l'artisan se fait valoir par son travail des plus rares matériaux ; le texte ne « tient » que par ses détails curieux :

> ... celui qui fait sa ronde, en temps de siège, aux grands halls où s'émiettent, sous verre, les panoplies de phasmes, de vanesses ; et porte sa lampe aux belles auges de lapis, où, friable, la princesse d'os épinglée d'or descend le cours des siècles sous sa chevelure de sisal ; celui qui sauve des armées un hybride très rare de rosier-ronce hymalayen... (*Anabase*. p. 133)

Cette écriture s'accompagne d'un métalangage : les allusions savantes, les désignations bizarres sont un commentaire d'une écriture fondée sur le précieux. Suprême rhétorique qui envisage des possibilités d'expression par elle seule. Admise et figée dans son acte, elle s'érige en tant que manifestation d'écriture. La disproportion entre un sens minime et une expression outrée, est en elle-même l'indication d'une poétique ne se réalisant que par un excès d'ornement. Le poète se laisse entraîner par les pièges de jeux phoniques évidents ; les sons glissent les uns vers les autres en une écriture spéculaire, toute de rayonnements et d'interférences. Parmi d'innombrables exemples, ces fragments suffiront à relever cette tendance :

> L'ennui cherche son ombre aux royaumes d'Arsace ; et la tristesse errante mène son goût d'euphorbe par le monde, l'espace où vivent les rapaces tombe en d'étranges déshérences... (*Exil*, p 130-31)
> Le ciel est un Sahel où va l'azalaïe en quête de sel gemme (*Exil*, p. 131)
> Et le soleil enfouit ses beaux sesterces dans les sables, à la montée des ombres où mûrissent les sentences d'orage. (*Exil*, p. 131)

Le poète dit ainsi sa présence dans l'acuité de la phrase, dans la reconnaissance des sursauts de la rhétorique. Alors que Claudel est entraîné par la volonté de donner un sens sacré aux créations de son imagination — « D'autres saisissent dans les temples la corne peinte des autels » (*Exil*, p. 124) — Perse se préoccupe de son œuvre païenne où les mots sont l'objet d'un culte, où l'ampleur de la période est celle d'un rite. Le nombre préside à l'organisation du monde ; il est rythme poétique, addition de syllabes, accumulation de versets :

> Mathématiques suspendues aux banquises du sel !
> (*Anabase*, p. 94)

Mais l'attention intense aux jeux de mots entre eux finit par signifier une adhésion dynamique aux événements du monde : ils sont les signes d'une exaltation qui est une appréhension de l'universel, une participation aux mystères de la création. Même si le désir de faire l'éloge des choses du monde se résorbe dans de visibles alliances phoniques où le sens naît de facilités verbales, il s'en dégage une prise de possession de l'Univers coïncidant avec la conquête des terrains scripturaux :

> Sur les plaintes de pluviers s'en fut l'aube plaintive, s'en fut l'hyade pluvieuse à la recherche du mot pur,
> Et sur les rives très anciennes fut appelé mon nom...
> ...
> De beaux fragments d'histoires en dérive, sur des pales d'hélices dans le ciel plein d'erreurs et d'errantes prémisses, se mirent à virer pour le délice du scoliaste. (*Exil*, p. 128)

Le poète que nous avons vu chantant seul, étant de ceux « qui peignent sur leur front le chiffre de leur Dieu » (*Anabase*, p. 99), se réfère fréquemment au « vulgaire », mais dont la laideur devient complémentaire de la beauté du contexte, et côtoyant immédiatement le sacré : » Crépitements d'insectes à jamais dans ce quartier aux détritus ! » (*Anabase*, p. 99). Ce qui pourrait être considéré comme une désécriture, une faille dans le tissu du texte « noble », est au contraire ce qui, par la virulence des contrastes, donne poids et masse à l'écriture. Perse y est irrésistiblement attiré ou par des jeux phoniques inévitables ou par des intentions de provoquer des chocs, tout en suggérant l'égalité de toute chose dans l'univers. Au niveau du texte, tout signifie également et le poète accepte ce que les déclics du langage en même temps que le sens engendrent :

> la ville jaune, casquée d'ombre, avec ses caleçons de filles aux fenêtres. (*Anabase*, p. 99)

L'individu, parmi ces spécialistes qui, pour lui, signifient le

« poète » et pourrait, entraîné dans le vaste défilé de ses confrères, avoir un statut épique, est ramené par les détails qui entrent dans sa présentation, au rythme du quotidien et du précis :

> Le Vérificateur des poids et des mesures descend les fleuves emphatiques avec toute sorte de débris d'insectes et de fétus de paille dans sa barbe. (*Anabase*, p. 96)

La somptuosité lexicale et métaphorique est ici opérante dans l'unification de tous les éléments de la contemplation du poète. Perse joue d'ailleurs sur le rôle de l'insolite dans la construction du texte : le « vulgaire », par la comparaison avec les environs textuels, devient aussi curieux que la référence à des raretés botaniques et géologiques et se dissout dans des tentations de magnificence :

> Et la lessive part ! comme un prêtre mis en pièces... (*Anabase*, p. 95)
> ah ! que l'acide corps de femme sait tacher une robe à l'endroit de l'aisselle ! (*Anabase*, p. 95)
> — et debout sur la tranche éclatante du jour, au seuil d'un grand pays plus chaste que la mort,
> les filles urinaient en écartant la toile peinte de leur robe. (*Anabase*, p. 110)
> Et l'homme atteint de gonorrhée lave son linge dans l'eau pure. On fait brûler la selle du malingre... (*Anabase*, p. 97)

Ce texte s'est identifié, au cours de sa composition, comme un double texte ; son langage suppose un métalangage. L'œuvre signe dans son parcours les marques de sa conscience d'écriture en mouvement. Elle n'a été que parce qu'elle s'est vue et s'est doublée de son propre commentaire. La fin d'*Exil* profère, comme en une exaltation qui signifie victoire du texte, une poétique véhémente, l'admission, par les termes se référant à l'acte d'écrire, de ce retour du sens au langage qui l'a soutenu :

> «... Syntaxe de l'éclair ! ô pur langage de l'exil ! (*Exil*, p. 136)
> Le nitre et le natron sont thèmes de l'exil. Nos pensers courent à l'action sur des pistes osseuses. L'éclair m'ouvre le lit de plus vastes desseins. (*Exil*, p. 137)

Le texte persien a ainsi fonctionné sous nos yeux, se formant sur un axe de construction/destruction et l'inverse. Par son exercice, il est perçu dans ses failles et dans ses chutes. Au moment donc où l'écriture se déploie, elle entrevoit un arrêt ; sa plénitude apparaît alors comme un excès de vide. Le néant est vu cependant comme un ingrédient positif, une disponibilité de l'espace scriptural. A aucun instant ne faiblit chez lui la volonté de bien dire. Les mots qui sont l'objet d'un rite ont voulu une œuvre qui tout entière les célèbre.

CONCLUSION

Notre étude a sans doute soulevé plus de problèmes qu'elle n'en a résolu. Elle ne fait qu'examiner certains poètes qui, selon leur foi plus ou moins ferme en l'acte de poésie, aboutissent à des œuvres plus ou moins fermes ; l'œuvre parfaite serait celle qui s'impose dans sa forme dominée, qui assure son existence sans laisser voir de failles, sans avouer ses faiblesses et ses hésitations. Le poème qui s'écrit, le poème qui se désécrit, voici les pôles entre lesquels peut osciller tout poète, mais dans des proportions diverses.

Nous nous rendons compte que, vue sous un angle différent, la question pourrait se poser ainsi : imaginons un poème dans sa genèse, progressant selon tous les hasards des corrections, les différents stades des hésitations, les premières versions, rejetées, reprises, améliorées, pour aboutir au poème tel que le poète l'accepte finalement. Dans ce sens l'écriture est une désécriture : elle suppose la destruction de nombreux matériaux à différents stades. Nous introduisons ainsi Mallarmé, entre autres, dans notre étude. Il représente l'œuvre parfaitement écrite, mais qui, par sa difficulté, laisse supposer les luttes et l'angoisse extrême qui ont présidé à leur facture. Son poème s'écrit à force de désécritures constantes ; il se corrige, il se rature ; le poète fonde son œuvre sur une masse de débris. Les hésitations disparaissent aux yeux du lecteur, parce qu'elles ont trouvé une solution et leur accomplissement dans le poème fermé, monolithique ; obscur, car c'est par l'obscurité qu'il s'affirme. Simplifier ses poèmes et les ramener au banal aurait été les trahir. Il *est* par ce qu'il a refusé. Il ne nous a pas fait assister aux tris qui opèrent dans la création poétique ; ses matériaux, il les cache pour ne nous livrer que le produit d'une intense recherche, un effort éperdu de purification. Sur des faiblesses reprises, il a construit des poèmes d'une telle solidité qu'ils sont devenus des gestes positifs d'écriture. Plus qu'un texte qui s'écrit, c'est un texte écrit qu'il nous livre. Les premières versions qu'il nous donne, tranformées considérablement dans les deuxièmes versions, sont des témoignages de textes que le poète détruit au profit d'une nouvelle version.

Scève pourrait être comparé à Mallarmé : c'est sur un fond d'angoisse qu'il érige son dizain, ses dizains. Le poème difficile témoigne d'une lutte ardente avec le matériau hésitant et fuyant du dizain ; il en sort vainqueur par la perfection du poème écrit. Il y a peu de poèmes qui soient si denses, si fermés et dont l'obscurité est une vertu, le résultat d'un travail ardu. Par cette obscurité, Scève se protège contre un public amateur de lecture facile. Il garde son secret dans ces petits monuments ; il y reste lui-même, manifesté par sa réserve, sa dignité d'amant et de poète. Le choix du dizain exige une dynamique de reserrement et une acuité particulière dans le développement du texte. Les dizains de la *Délie* sont l'exemple d'une écriture « difficile » et devant à sa rigidité et dynamique, dominée par ses proportions mêmes, l'idée d'un dialogue générateur, l'occasion aussi d'un constraste : forme limitée et thème qui le dépasse.

Chez Ronsard, extase, envole, ardeur du côté de l'expression, du sens ; mesure et contrôle du côté de l'écriture. L'amour qu'il chante et dont il entend représenter les élans est assagi par l'appel de l'imitation et les exigences de la versification et de la forme fixe du sonnet. Ardeur donc au deuxième degré, convaincante dans la mesure où la rhétorique parvient à convaincre le lecteur de sa sincérité. Volonté de poète plutôt que passion d'amant, voilà ce qui caractérise la dynamique qui informe l'acte poétique chez lui. L'amour que le texte proclame se voit compromis par la technique qui le met en doute, désécrit en quelque sorte par son écriture même. Son anti-pétrarquisme est en soi un autre exemple de désécriture, car il sape la foi que l'on accordait à la passion qu'il professe dans ses sonnets d'amour.

Chez La Fontaine, ainsi que chez Verlaine, malgré l'aisance, la légereté de l'écriture, l'accord du fond et de la forme, on est confronté à des desseins divers : enseigner et plaire chez l'un, dire et chanter chez l'autre. Le sens chez Verlaine est menacé à tout moment de dissolution. Il est si léger, si intangible qu'il pèse à peine, émergeant de l'hésitation entre un sens net et clair et une brisure de ce sens, entre l'intangible d'une musique pure et le poids de la parole. Semblablement, chez La Fontaine, le pédagogique transmis par la morale est mis en question par le poétique de la fable agissant selon ses propres codes de séduction. Souvent la fable a sa morale à elle, qui n'est pas toujours en conformité avec celle de la morale. Il suffirait, pour s'en rendre compte, de songer à l'exemple de la cigale et la fourmi, car bien que cette première soit condamnée par la raison de la morale, elle est rachetée par les privilèges du chant dont elle partage les tentations et les charmes avec le poète lui-même

Parmi les poètes positifs, on pourrait comprendre Claudel, l'auteur des *Cinq grandes Odes* surtout ; mais ici sont mélangés des éléments divers qui ne peuvent faire de l'ode une œuvre homogène et fermée. Au contraire, le poète est ouvert à toutes les sollicitations de la Muse ; il s'expose en tant que poète chrétien, affirmant — presque sauvagement — sa croyance, et en tant que poète analyste de son œuvre et de sa manière. En ce sens, l'ode est un poème qui s'écrit devant nous, nous introduisant dans les secrets de l'écrivain maniant son abondant et richissime matériau poétique. Plus qu'un poème fermé, le *Magnificat* par exemple est une explosion difficilement contrôlée, une effusion qui n'est guère retenue par les exigences de la prosodie. Il fallait à Claudel le contraire de l'alexandrin — qu'il abhorre — mais bien ce verset « claudélien », libre de contrainte, ample et parent de la *prorsa oratio*, la prose qui va au-devant de toute possibilité de développement. Claudel ne cache pas les matériaux de sa construction ; il les laisse voir dans leur mouvement plus que dans leurs résultats. Ici donc nous sommes aux antipodes du texte parfaitement écrit. L'écriture fructifie par sa soumission à tout apport métaphorique, par son désir d'une éloquence qui ne se soucie guère de contrainte. Le poème est chez lui un geste affirmatif, mais se déployant sans la discipline du vers régulier qui, chez d'autres poètes, est l'assurance d'une affirmation, l'armature du poème « écrit ».

Chez les romantiques, Hugo reste le maître de l'œuvre écrite. Nous n'avons pas pu, dans les limites de cette étude, entreprendre la discusssion de ce poète admirable,[1] ni de Vigny, qui par son goût du récit symbolique, fait figure de poète affirmatif, mais dont l'œuvre laisse les traces d'une facture difficile ou d'une écriture qui se cherche. *La Maison du berger*, par exemple, est l'exposé — surtout dans la troisième partie — d'une poétique fondée sur le caractère sacré d'une poésie « perle de la pensée ». L'œuvre est gênée dans son élan et laisse entrevoir au lecteur, sous le poème

---

1. Voir notre *Poétique de Hugo* pour une étude plus détaillée et approfondie de son œuvre.

qui est le résultat d'une longue lutte, les dangers et possibilités d'une désécriture. Musset annonce déjà les libertés de Laforgue. Il joue avec le langage, il parodie ; il est amateur d'une poésie légère, dépouillée de métaphores, qui donne l'image d'une destruction du texte. La poésie, en ses mains, se désagrège, se voit dans son acte ; elle s'écrit librement, se commente ; l'action d'écrire est, dans les *Nuits* par exemple, son sujet ; l'aveu d'une certaine paresse empêche sa perfection. Toute la poésie de Lamartine fait figure d'une œuvre écrite, mais la facilité est le défaut de sa cuirasse. Les vers sont trop aisément consentis ; ils entraînent plus qu'ils ne retiennent, donnent l'idée d'un flux, d'un flot qui avance sans être contraint par les exigences de la prosodie ; elle avance, naturelle et souple avec la liberté proche de celle de la prose, sans qu'intervienne dans sa production l'ombre d'un doute ni le souci des contraintes. Il s'agit pour lui de dire quelque chose sans analyser la façon d'écrire. Les mots, entraînés dans un mouvement continu, témoignent d'une éloquence naturelle plus que d'une application d'artisan qui s'interrogerait sur son art.

La symbolique comprise dans le poème lui-même, commentaire de l'acte d'écrire et en particulier d'écrire un certain texte, le poème du poème, est surtout évidente chez Scève, Mallarmé, Saint-John Perse. Il faut ajouter que dès Laforgue et avec tous les poètes décadents réclamant une liberté absolue dans l'écriture, les poètes qui adoptent le vers libre, le « verset » plus que le vers, les étapes d'engendrement du poème sont moindres. Une certaine facilité intervient qui supprime les obstacles. Le poème définitif, selon eux, laisse derrière lui moins de matériaux temporaires, d'essais, d'approximations. Ils se livrent tels quels dans l'état premier de leur engendrement. La question d'écriture/désécriture ne peut donc être discutée d'une façon ferme et définitive ; elle reste flottante et ne peut être approchée, comme dirait Montaigne, qu'à tâtons, sujet d'essais appelant plus de développements, de vérifications, et de nuances.

NOTICE BIBLIOGRAPHIQUE

Bertrand, Jean-Pierre, *Les Complaintes de Jules Laforgue : ironie et désenchantement*, Paris : Klincksieck, 1997.

Buche, Joseph, « Pernette du Guillet et la 'Délie'de Maurice Scève », *Mélanges de philologie offerts à Ferdinand Brunot*, Paris : Société nouvelle de la Libraire et d'Edition, 1904.

Caillois, Roger, *Poétique de St-John Perse*, Paris : Gallimard, 1972.

Claudel, Paul, *Œuvre poétique*, éd. Stanislas Fumet et Jacques Petit, Paris : Bibliothèque de la Pléiade, 1967.

Claudel, Paul, *Œuvres en prose*, éd. Jacques Petit et Charles Galpérine, Paris : Bibliothèque de la Pléiade, 1965.

Delas, Daniel et François-Charles Gaudard, « L'invention des *Complaintes* de Jules Laforgue » in *Les Complaintes Jules Laforgue*, Paris : Ellipses Edition Marketing S.A., 2000.

Elbaz, Shlomo, *Lectures d'Anabase de Saint-John Perse. Le désert, le désir,* Lausanne : L'Age d'homme, 1978.

Ernout, A. et A. Meillet, *Dictionnaire étymologique de la langue latine*, Paris : Klincksieck, 1967.

Fabre, Jean-Henri, *Souvenirs entomologiques*, Paris : Librairie Delagrave, 1914-24.

Fontanier, Pierre, *Les Figures du discours*, Paris : Flammarion, 1968.

Glauser, Alfred, *La Poétique de Hugo*, Paris : Nizet, 1978.

—, *Le Poème-symbole : De Scève à Valéry*, Paris : Nizet, 1967.

—, « Souffrir non souffrir »: formule de l'écriture scévienne » in *Le Signe et le Texte*, Lawrence Kritzman, ed., Lexington : French Forum, 1990.

Gray, Floyd, *La Bruyère amateur de caractères*, Paris : Nizet, 1986.

La Fontaine, Jean de, *Œuvres complètes*, vol. I, *Fables, Contes et Nouvelles*, éd. René Groos et Jacques Schiffrin, Paris : Bibliothèque de la Pléiade, 1963.

Laforgue, Jules *Œuvres complètes*, *Poésies*, 2 vols, éd. G. Jean-Aubry, Paris : Mercure de France, 1951.

Mallarmé, Stéphane, *Œuvres complètes*, éd. Henri Mondor et G. Jean-Aubry, Paris : Bibliothèque de la Pléiade, 1945.

Montaigne, Michel de, *Essais*, éd. Pierre Villey et V.-L. Saulnier, Paris : PUF, 1965.

Reboul, Pierre *Laforgue*, Paris : Hatier, 1960,

Richard, Jean-Pierre, *Onze études*. Paris : Seuil, 1964.

—, *Poésie et profondeur*, Paris : Seuil, 1995.

Risset, Jacqueline, *L'Anagramme du désir. Essais sur la Délie de Scève*, Rome : Bulzoni, 1971.

Ronsard, Pierre de, *Les Amours*, éd. Henri et Catherine Weber, Paris : Editions Garnier, 1963.

Saint-John Perse, *Œuvres complètes*, Paris : Bibliothèque de la Pléiade, 1972.

Scève, Maurice, *The Délie* éd I. D. McFarlane, Cambridge University Press, 1966,

Vachon, André, *Le Temps et l'Espace dans l'œuvre de Paul Claudel*, Paris : Seuil, 1965.

Valéry, Paul, *Œuvres complètes*, 2 vols, éd. Jean Hytier, Paris : Bibliothèque de la Pléiade, 1957-60.

Verlaine, Paul, éd. Jacques Robichez, *Œuvres poétiques* Paris : Garnier, 1995.

—, *Œuvres poétiques complètes*, ed. Jean Borel, Paris : Bibliothèque de la Pléiade, 1962.

TABLE DES MATIÈRES

INTRODUCTION 9

CHAPITRE I   « Souffrir non souffrir » : formule de l'écriture scèvienne   15

CHAPITRE II   Ronsard ou la volonté d'écrire 37

CHAPITRE III   La Fontaine ou la clarté apparente 55

CHAPITRE IV   Verlaine ou la chanson sans paroles 73

CHAPITRE V   Mallarmé ou le faune-poète/Claudel ou le chant du chant 91

CHAPITRE VI   Laforgue ou le texte négatif 107

CHAPITRE VII   Saint-John Perse ou le texte du texte 133

CONCLUSION 155

NOTICE BIBLIOGRAPHIQUE 159

ACHEVÉ D'IMPRIMER
EN OCTOBRE 2002
PAR L'IMPRIMERIE
DE LA MANUTENTION
À MAYENNE
FRANCE
N° 341-02

Dépôt légal : 4ᵉ trimestre 2002